recetas
caseras

recetas caseras

EDITORIAL OPTIMA

Contenido

Desayunos

Brioches con huevos revueltos y salmón

4 huevos frescos
4 cucharadas de nata líquida
2 cucharadas de mantequilla
125 g de salmón ahumado cortado
   en lonchas
2 cucharaditas de eneldo bien picado
2 brioches o 2 croissants

Casque los huevos en un bol, añada la nata y bátalos bien. Sazónelos con sal y pimienta negra recién molida.

Derrita la mantequilla en una sartén antiadherente. Cuando empiece a chisporrotear, vierta los huevos y baje el fuego al mínimo. Con una cuchara de madera plana, remueva la mezcla hasta que empiece a cuajarse y aña-da el salmón y el eneldo. Prosiga la cocción, incorporando con cuidado el salmón y el eneldo a la mezcla hasta que los huevos estén prácticamente cocidos y quede sólo un poco de líquido en la sartén.

Corte la parte superior de los brioches o croissants, vacíelos un poco, ponga los huevos revueltos encima y sirva.

Para 2 personas

Tartaletas de desayuno saladas

220 g de harina
140 g de mantequilla cortada
  en dados
9 huevos
4 lonchas de jamón dulce
2 cucharadas de perejil picado
2 tomates medianos bien picados
125 ml de nata líquida
4 cucharadas de queso parmesano
  rallado

Precaliente el horno a 200°C. Tamice la harina y ½ cucharadita de sal en un robot de cocina, añada la mantequilla y triture unos segundos hasta que la mezcla tenga un aspecto desmigado. Una la masa con las manos y déle forma de bola. Envuélvala en film transparente, aplánela ligeramente y déjela en el frigorífico durante 10 minutos.

Extienda la pasta sobre una superficie de trabajo enharinada hasta dejarla muy fina. Corte cuatro discos de 16 cm y forre con ellos cuatro moldes de tartaleta de 10 cm de diámetro. Presione un poco la pasta contra las paredes acanaladas de los moldes. Forre cada molde con un trozo de papel encerado y un puñado de arroz crudo. Hornee la pasta 5 minutos, retire el papel y el arroz, y hornee 1 minuto más.

Disponga una loncha de jamón en cada molde (tal vez deba cortarlas en trozos para encajarlas bien). Espolvoree el perejil y añada el tomate. Casque dos huevos en cada molde, vierta una cuarta parte de la nata por encima, espolvoree el queso parmesano y sazone con sal y pimienta.

Hornee las tartaletas de 10 a 12 minutos, o hasta que las claras de huevo cuajen. Sírvalas calientes o frías.

Para 4 personas

Gofres de queso y cebolla con ricota a las hierbas y tomates asados

4 tomates de pera cortados por
la mitad
1 cucharada de aceite de oliva
1 cucharada de vinagre balsámico
1 cucharadita de azúcar
1 cucharada de orégano picado
310 g de queso ricota bajo en grasas
4 cucharadas de hierbas aromáticas
picadas (orégano, salvia, romero,
perejil)
185 g de harina de fuerza
3 cucharadas de queso parmesano
recién rallado
3 cucharadas de queso Cheddar bajo
en grasas rallado
3 cebolletas grandes bien picadas
1 huevo
250 ml de leche desnatada
2 claras de huevo
ramitas de orégano fresco, para
adornar

Precaliente el horno a 160°C. Engrase ligeramente una bandeja de horno. Ponga las mitades de tomate en la bandeja y rocíelas con aceite de oliva y vinagre balsámico. Espolvoréelas con el azúcar, el orégano y la sal. Hornéelas 1 hora o hasta que queden blandas. Ponga la ricota en un bol y añada las hierbas aromáticas. Sazone al gusto. Divida la ricota a las hierbas en 4 porciones iguales. Déjelas en el frigorífico hasta su uso.

Mientras tanto, ponga la harina, el parmesano, el Cheddar, la cebolleta, el huevo entero y la leche en un bol. Sazone con sal y pimienta negra, y mezcle bien. Bata las claras a punto de nieve e incorpórelas con cuidado a la mezcla de queso y huevo.

Precaliente una gofrera y engrásela ligeramente con aceite de oliva. Vierta 80 ml de la masa de gofres y cuézala hasta que se dore por ambos lados. Manténgala caliente en el horno mientras cuece el resto de los gofres.

Para servir, disponga las mitades de gofre en cada plato con dos mitades de tomate y ricota a las hierbas a un lado. Adorne con ramitas de orégano.

Para 4 personas

Torrijas con jamón crujiente

3 cucharadas de nata espesa
  o leche
3 huevos
3 cucharadas de azúcar extrafino
una pizca de canela
80 g de mantequilla
8 rebanadas gruesas de pan cortadas
  por la mitad en diagonal
1 cucharada de aceite de oliva
12 lonchas de jamón

Ponga la nata, los huevos, el azúcar y la canela en un bol ancho y de paredes bajas y mezcle. Remoje el pan en la mezcla de huevo, de rebanada en rebanada, sacudiendo el exceso.

Derrita la mitad de la mantequilla en una sartén. Cuando chisporrotee, añada 3 o 4 rebanadas de pan, en una sola capa, y fríalas hasta que se doren bien por ambos lados. Fría el pan restante por tandas, añadiendo más mantequilla si es necesario, y mantenga calientes las torrijas en el horno hasta que estén todas preparadas.

Caliente el aceite de oliva en otra sartén. Añada el jamón y fríalo hasta que esté crujiente. Retírelo y escúrralo en papel de cocina. Dispóngalo sobre las torrijas y sírvalas.

Para 4 personas

Tomates y huevos fritos sobre tortitas de patata y cebolleta

Tortitas de patata y cebolleta
300 g de patatas peladas y troceadas
1 yema de huevo
50 g de queso Cheddar rallado
3 cebolletas recortadas y bien
  picadas
2 cucharadas de perejil bien picado
1 cucharada de harina
2 cucharadas de aceite de oliva

2 cucharadas de aceite de oliva
1 diente de ajo cortado en láminas
3 tomates de pera cortadas por la
  mitad a lo largo
mantequilla, para freír
4 huevos

Hierva las patatas en un cazo con agua y sal hasta que estén tiernas. Escúrralas y póngalas de nuevo en el cazo a fuego lento para que se evapore el exceso de humedad. Retírelas del fuego y cháfelas. Incorpore la yema de huevo, el queso, las cebolletas y el perejil, y sazone la mezcla. Forme 4 tortitas. Apile la harina en un plato y reboce ligeramente las tortitas. Tápelas y refrigérelas 30 minutos.

Caliente el aceite de oliva en una sartén grande a fuego medio. Fría las tortitas 4 o 5 minutos por ambos lados hasta que se doren bien. Manténgalas calientes hasta su uso.

Caliente el aceite de oliva en otra sartén a fuego lento. Añada el ajo y fríalo 2 minutos. Agregue los tomates, con la parte cortada hacia abajo, y fríalos de 10 a 15 minutos. Déles la vuelta una vez.

Caliente una sartén antiadherente de fondo pesado a fuego medio y añada 2 cucharadas de aceite y un poco de mantequilla. Cuando chisporrotee, casque los huevos en la sartén y fríalos durante 1 minuto. Apague el fuego y déjelos reposar 1 minuto. Sirva los huevos fritos con las tortitas de patata y cebolleta y los tomates.

Para 2 personas

Huevos Benedict

12 huevos, recién sacados
  del frigorífico
8 lonchas de jamón
4 muffins partidos por la mitad
200 g de mantequilla
2 cucharadas de zumo de limón

Precaliente el grill. Ponga una sartén grande llena de agua a fuego vivo. Cuando el agua rompa a hervir, baje el fuego. Casque un huevo en una taza y deslícelo suavemente en el agua. Debe empezar a volverse opaco al entrar en contacto con ella. Repita la operación con 7 huevos más, manteniéndolos separados. Baje el fuego al mínimo y cueza los huevos 3 minutos.

Ponga el jamón en una bandeja de horno, tuéstelo bajo el grill durante 2 minutos, déle la vuelta y dórelo por el otro lado. Tueste los muffins en una tostadora o bajo el grill.

Casque los 4 huevos restantes en una batidora y tápela, pero deje abierto el orificio superior. Caliente la mantequilla en un cazo hasta que se derrita.

Ponga la batidora en marcha y vierta la mantequilla en un chorro continuo por la abertura superior. Los huevos deben ligarse de inmediato hasta formar una salsa espesa. Añada el zumo de limón y salpimiente la salsa.

Ponga los muffins en platos y cúbralos con una loncha de jamón. Retire los huevos del agua, escúrralos y dispóngalos sobre el jamón. Vierta un poco de salsa holandesa por encima.

Para 4 personas

Setas silvestres asadas con ajo y guindilla

4 setas silvestres grandes u
  8 medianas
2 cucharadas de mantequilla
  reblandecida
1 diente de ajo majado
1–2 guindillas rojas pequeñas bien
  picadas
4 cucharadas de perejil bien picado
4 rebanadas gruesas de chapata
chutney o conserva de tomate
crème fraîche, para servir

Precaliente el grill y cubra la rejillacon papel de aluminio para retener el jugo de cocción de las setas. Retire con cuidado los pies de las setas y deseche la piel.

Mezcle la mantequilla con el ajo, la guindilla y el perejil, y unte un poco la parte interior de las setas con la mezcla. Asegúrese de que la mantequilla está lo bastante blanda como para poder untarla sin dificultad. Salpimiente bien.

Ase las setas a temperatura media unos 8 minutos; deben quedar bien cocidas. Compruébelo pinchando el centro con la punta de un cuchillo.

Tueste el pan, unte cada rebanada con un poco de chutney o conserva de tomate, cúbralas con una o dos setas y sirva de inmediato con una cucharada de crème fraîche.

Para 4 personas

Piperade

2 cucharadas de aceite de oliva
1 cebolla grande cortada en rodajas
 finas
2 pimientos rojos sin semillas y
 cortados en tiras
2 dientes de ajo majados
750 g de tomates
una pizca de pimienta de Cayena
8 huevos ligeramente batidos
1 cucharada de mantequilla
4 lonchas finas de jamón, como
 jamón de Bayona

Caliente el aceite en una sartén grande de fondo pesado a fuego medio y sofría la cebolla unos 3 minutos o hasta que esté blanda. Añada el pimiento y el ajo, tape la sartén y deje cocer 8 minutos, removiendo con frecuencia para evitar que el sofrito se dore.

Haga una incisión en forma de cruz en la base de cada tomate. Sumérjalos 20 segundos en un bol grande de agua hirviendo, escúrralos y páselos a un bol de agua fría. Retírelos y pélelos empezando por la cruz. Pique la pulpa y deseche los corazones. Añada el tomate picado y la pimienta al sofrito, tape la sartén y fría 5 minutos más.

Destape la sartén y suba el fuego. Cueza 3 minutos o hasta que los jugos se hayan evaporado, sacudiendo la sartén a menudo. Sazone con abundante sal y pimienta negra recién molida. Añada los huevos y revuélvalos junto con la mezcla hasta que estén completamente cocidos.

Caliente la mantequilla en una sartén pequeña a fuego medio y fría el jamón. Disponga la piperade en cuatro platos, cúbrala con el jamón frito y sírvala con tostadas untadas con mantequilla.

Para 4 personas

Tortilla de champiñones con chorizo

50 g de mantequilla
1 chorizo mediano cortado en rodajas
100 g de champiñones cortados en
  láminas finas
6 huevos
2 cucharadas de cebollino bien
  picado

Caliente 30 g de mantequilla en una sartén pequeña a fuego medio. Añada el chorizo y fríalo unos 5 minutos o hasta que se dore. Retírelo de la sartén con una espumadera. Agregue los champiñones a la sartén y cuézalos, removiendo con frecuencia, durante unos 4 minutos, o hasta que estén tiernos. Mézclelos con el chorizo.

Casque los huevos en un bol y sazónelos con sal y pimienta negra recién molida. Añada el cebollino y bátalos ligeramente con un tenedor.

Derrita la mitad de la mantequilla restante en la sartén a fuego medio hasta que espume. Añada la mitad de los huevos, cuézalos 20 segundos, hasta que empiecen a cuajarse por abajo, y remueva rápidamente con un tenedor. Separe rápidamente un poco del huevo cocido del fondo de la sartén y deje cuajar parte del huevo crudo, inclinando un poco la sartén. Una vez los huevos estén prácticamente cuajados, disponga encima la mitad de los champiñones y del chorizo. Cuézalos 1 minuto más si es necesario. Retire la tortilla de la sartén y manténgala caliente mientras prepara la otra. Repita la operación con el resto de los ingredientes. Sirva inmediatamente las dos tortillas.

Para 2 personas

Croque madame

3 huevos
1 cucharada de leche
1½ cucharadas de mantequilla
  reblandecida
4 rebanadas de pan blanco
  de buena calidad
1 cucharadita de mostaza de Dijon
4 lonchas de queso Gruyère
2 lonchas de jamón
2 cucharaditas de aceite vegetal

Casque 1 huevo en un bol ancho de paredes bajas, añada la leche y bata ligeramente. Sazone con sal y pimienta negra recién molida.

Unte todas las rebanadas de pan con ½ cucharada de mantequilla y la mitad, con mostaza de Dijon. Cúbralas con una loncha de queso, una de jamón y, por último, otra de queso. Coloque encima el pan restante.

Funda la mantequilla restante y el aceite vegetal en una sartén grande antiadherente a fuego medio. Mientrastanto, bañe un sándwich en la mezcla de huevo y leche, empapándolo por ambos lados. Una vez la mantequilla chisporrotee, antes de que se dore, añada el sándwich y fríalo 1½ minutos por un lado, presionándolo con fuerza con una espátula. Déle la vuelta, fríalo por el otro lado y apártelo a un lado de la sartén.

Casque un huevo en la sartén y fríalo al gusto. Pase el sándwich a un plato y cúbralo con el huevo frito. Manténgalo caliente mientras repite la operación con el sándwich y el huevo restantes; añada más mantequilla y aceite a la sartén si es necesario. Sirva de inmediato.

Para 2 sándwiches

Pan de maíz, queso y hierbas con huevos revueltos

Pan de maíz
155 g de harina de fuerza
1 cucharada de azúcar extrafino
2 cucharaditas de levadura en polvo
1 cucharadita de sal
110 g de polenta fina
60 g de queso Cheddar rallado
30 g de hierbas aromáticas variadas
   picadas (cebollino, eneldo, perejil)
2 huevos
250 ml de suero de leche
80 ml de aceite de nuez de
   macadamia o aceite de oliva

Huevos revueltos
6 huevos
125 ml de nata líquida
hojas pequeñas de albahaca,
   para adornar

Precaliente el horno a 180°C. Engrase un molde de pan de 20 x 10 cm. Tamice la harina, el azúcar, la levadura y la sal en un bol. Añada la polenta, el queso Cheddar, las hierbas, los huevos, el suero de leche y el aceite, y mézclelo todo bien. Vierta la mezcla en el molde y hornéela durante 45 minutos o hasta que al clavar una brocheta en el centro, ésta salga limpia. Desmolde el pan.

Para preparar los huevos revueltos, bata los huevos con la nata y sazónelos con sal y pimienta. Vierta la mezcla en una sartén antiadherente y cuézala a fuego lento, removiendo de vez en cuando hasta que el huevo cuaje. (Cuanto más remueva los huevos, más revueltos quedarán.) Sirva los huevos revueltos con rebanadas de pan de maíz untadas con mantequilla. Espolvoree las hojas de albahaca por encima.

Para 4 personas

Huevos rancheros

1 ½ cucharadas de aceite de oliva
1 cebolla blanca bien picada
1 pimiento verde bien picado
2 guindillas rojas bien picadas
1 diente de ajo majado
½ cucharadita de orégano seco
2 tomates picados
800 g de tomates troceados
   en conserva
8 huevos
4 tortillas de harina
100 g de queso feta desmenuzado

Vierta el aceite de oliva en una sartén grande (con tapa) a fuego medio. Añada la cebolla y el pimiento verde y sofríalos unos 3 minutos o hasta que estén tiernos.

Agregue la guindilla y el ajo, remueva un poco, incorpore el orégano, los tomates frescos y en conserva, y 180 ml de agua. Lleve a ebullición, baje el fuego, tape la sartén y deje cocer de 8 a 10 minutos o hasta que la salsa se espese. Salpimiente.

Alise la superficie de la mezcla y forme ocho huecos con el dorso de una cuchara. Casque un huevo en cada hueco y tape la sartén. Cuézalos durante 5 minutos o hasta que estén cuajados.

Mientras se cuecen los huevos, caliente las tortillas según las instrucciones del envase y córtelas en cuartos.

Sirva los huevos con queso feta desmenuzado por encima y acompáñelos con las tortillas.

Para 4 personas

Pan de plátano

3 plátanos maduros bien chafados
2 huevos bien batidos
2 cucharaditas de ralladura de
  naranja
250 g de harina
1 cucharadita de canela molida
1 cucharadita de sal
1 cucharadita de bicarbonato
180 g de azúcar extrafino
75 g de nueces picadas gruesas

Precaliente el horno a 180°C. Engrase un molde de pan de 17 x 8 cm.

Mezcle los plátanos, los huevos y la ralladura de naranja en un bol grande. Tamice la harina, la canela, la sal y el bicarbonato, mézclelos y añada el azúcar y las nueces. Mézclelo todo bien y vierta la masa en el molde. Hornéela 1 hora y 10 minutos o hasta que, al clavar una brocheta en el centro, ésta salga limpia.

Sirva el pan caliente o bien déjelo enfriar, tuéstelo y úntelo con mantequilla.

Para 1 barra

Arroz cremoso con compota de cítricos a la menta

150 g de arroz basmati
500 ml de leche
4 vainas de cardamomo machacadas
½ rama de canela
1 clavo de especia
3 cucharadas de miel
1 cucharadita de extracto natural
   de vainilla

Compota de cítricos a la menta
2 pomelos rosas pelados, en gajos
2 naranjas peladas, en gajos
3 cucharadas de zumo de naranja
1 cucharadita de ralladura de lima
3 cucharadas de miel
8 hojas de menta fresca bien picadas

Cueza el arroz en una cacerola con agua hirviendo durante 12 minutos, removiendo de vez en cuando. Escúrralo y déjelo enfriar.

Ponga el arroz, la leche, las vainas de cardamomo, la canela y el clavo en una cacerola y lleve a ebullición. Baje el fuego y cuézalo 15 minutos, removiendo de vez en cuando, hasta que la leche se haya absorbido y el arroz esté cremoso. Retire las especias e incorpore la miel y la vainilla.

Para la compota, mezcle la fruta, el zumo de naranja, la ralladura de lima, la miel y la menta hasta que la miel se disuelva. Sírvala con el arroz cremoso.

Para 4 personas

Gachas de avena a la canela con higos al caramelo y nata

200 g de copos de avena
¼ cucharadita de canela en polvo
50 g de mantequilla
115 g de azúcar moreno
300 ml de nata líquida
6 higos frescos cortados por la mitad
leche, para servir
nata espesa, para servir

Introduzca los copos de avena, 1 l de agua y la canela en un cazo y remueva a fuego medio 5 minutos o hasta que las gachas de avena se vuelvan espesas y homogéneas. Resérvelas.

Derrita la mantequilla en una sartén grande, añada todo el azúcar moreno salvo 2 cucharadas y remueva hasta que se disuelva. Vierta la nata líquida, lleve a ebullición y cueza a fuego lento 5 minutos o hasta que la salsa empiece a espesarse.

Ponga los higos en una bandeja de horno, espolvoréelos con el azúcar restante y áselos bajo el grill hasta que el azúcar se funda.

Vierta las gachas en boles individuales, cúbralas con un poco de leche y reparta los higos y la salsa de caramelo en los boles. Sirva las gachas con una cucharada de nata espesa.

Para 4 personas

Muesli de frutos secos y semillas

100 g de copos de maíz inflado
150 g de copos de avena
100 g de pacanas
135 g de nueces de macadamia
  picadas gruesas
100 g de copos de coco
200 g de mezcla de semillas
  de linaza, semillas de girasol
  y almendras
100 g de manzanas secas picadas
200 g de orejones picados
125 g de peras secas picadas
125 ml de jarabe de arce
1 cucharadita de extracto natural
  de vainilla

Precaliente el horno a 180°C. Ponga el maíz inflado, los copos de avena, las pacanas, las nueces de macadamia, el coco, la mezcla de semillas y almendras, las manzanas, los orejones y las peras en un bol y mezcle bien.

Vierta el jarabe de arce junto con el extracto de vainilla en un cazo y cuézalo a fuego lento 3 minutos o hasta que adquiera una consistencia líquida. Viértalo sobre la mezcla anterior y remueva.

Reparta la mezcla de muesli en dos fuentes de horno antiadherentes. Hornéelo 20 minutos, removiendo con frecuencia, hasta que se tueste ligeramente. Déjelo enfriar antes de pasarlo a un recipiente hermético.

Para 1 kg

Tortitas de arándanos negros

250 ml de suero de leche
1 huevo ligeramente batido
1 cucharada de mantequilla derretida
1 cucharadita de extracto natural
  de vainilla
115 g de harina
1 cucharadita de levadura en polvo
½ cucharadita de sal
2 plátanos maduros chafados
100 g de arándanos negros
1 cucharadita de aceite vegetal
jarabe de arce, para servir

Ponga el suero de leche, el huevo, la mantequilla y el extracto de vainilla en un bol y bátalo todo bien. Tamice por encima la harina, la levadura en polvo y la sal, y remueva sin batir en exceso, pues la masa debe quedar grumosa. Añada la fruta.

Caliente el aceite en una sartén a fuego medio. Vierta 60 ml de masa por cada tortita. Cuézalas 3 minutos o hasta que se doren por debajo. Déles la vuelta y cuézalas 1 minuto más. Repita la operación con el resto de la masa y mantenga calientes las tortitas hechas. Sírvalas de inmediato, rociadas con jarabe de arce.

Para unas 12 tortitas

Frutas asadas con tostadas a la canela

2 cucharadas de margarina baja en
grasas
1½ cucharaditas de canela en polvo
4 rebanadas gruesas de brioche
de buena calidad
4 ciruelas maduras cortadas por
la mitad y sin hueso
4 nectarinas maduras cortadas por
la mitad y sin hueso
2 cucharadas de miel de flores
caliente

Ponga la margarina y 1 cucharadita de canela en un bol y mezcle bien. Tueste el brioche bajo el grill por un lado hasta que se dore. Unte el otro lado con la mitad de la margarina a la canela y tuéstelo hasta que se dore. Manténgalo caliente en el horno.

Unte las ciruelas y las nectarinas con la margarina restante y áselas bajo el grill o en una plancha acanalada hasta que la margarina burbujee y los bordes de la fruta tomen color.

Para servir, ponga 2 mitades de ciruela y 2 mitades de nectarina sobre cada rebanada de brioche tostada. Espolvoréelas con la canela restante y rocíelas con la miel caliente.

Para 4 personas

Nota: Puede sustituir la fruta fresca por ciruelas y albaricoques en conserva.

Crêpes de desayuno con frambuesas

250 g de harina
una pizca de sal
1 cucharadita de azúcar
2 huevos ligeramente batidos
500 ml de leche
1 cucharada de mantequilla fundida
400 g de frambuesas
azúcar glas, para espolvorear
jarabe de arce o miel, para servir

Tamice la harina, la sal y el azúcar en un bol y forme un hueco en el centro. En una jarra o un bol, mezcle los huevos y la leche con 100 ml de agua. Vierta lentamente la mezcla en el hueco sin dejar de remover para incorporar la harina y obtener una masa homogénea. Añada la mantequilla fundida. Cubra la masa y refrigérela 20 minutos.

Caliente una sartén para crêpes o una sartén antiadherente pequeña a fuego medio y engrásela ligeramente. Vierta suficiente masa para cubrir el fondo de la sartén con una capa fina y uniforme. Retire la masa sobrante. Cueza la crêpe 1 minuto o hasta que se despegue de la sartén. Déle la vuelta y cuézala por el otro lado 1 minuto más, hasta que se dore. Repita hasta usar toda la masa. Apile las crêpes en un plato, intercaladas con papel encerado y cubiertas con papel de aluminio.

Para servir, disponga una crêpe en un plato y esparza unas cuantas frambuesas sobre un cuarto de la masa. Doble la crêpe por la mitad y vuelva a doblarla para formar una bolsita triangular. Repita la operación con las crêpes y las frambuesas restantes. Espolvoréelas con azúcar glas, rocíelas con jarabe de arce o miel y sírvalas.

Para 8 crêpes grandes

Cuscús con frutas del bosque

185 g de cuscús
500 ml de zumo de manzana y
 arándanos rojos
1 rama de canela
150 g de frambuesas
150 g de arándanos negros
150 g de moras
150 g de fresas cortadas por la mitad
la ralladura de 1 lima
la ralladura de 1 naranja
200 g de yogur espeso al estilo griego
2 cucharadas de jarabe de caña
hojas de menta, para adornar

Ponga el cuscús en un bol. Vierta el zumo en un cazo con la rama de canela. Llévelo a ebullición, retírelo del fuego y viértalo sobre el cuscús. Cúbralo con film transparente y déjelo reposar 5 minutos o hasta que todo el líquido se haya absorbido. Deseche la rama de canela.

Separe los granos de cuscús con un tenedor, añada las frambuesas, los arándanos negros, las moras, las fresas y las ralladuras de lima y naranja, y remueva con cuidado. Reparta la mezcla de cuscús en cuatro boles y sírvala con una cucharada generosa de yogur. Rocíela con jarabe de caña y adórnela con hojas de menta.

Para 4 personas

Tortitas de jengibre y ricota con miel de panal fresca

150 g de harina integral
2 cucharaditas de levadura en polvo
2 cucharaditas de jengibre en polvo
2 cucharadas de azúcar extrafino
55 g de copos de coco tostados
4 huevos, con las yemas y las claras
  separadas
500 g de queso ricota
310 ml de leche
4 plátanos cortados en rodajas
200 g de miel de panal fresca partida
  en trozos grandes

Tamice la harina, la levadura en polvo, el jengibre y el azúcar en un bol. Añada el coco, mezcle y forme un hueco en el centro. Agregue la mezcla de yemas de huevo, 350 g de ricota y toda la leche. Remueva hasta obtener una masa homogénea.

Bata las claras a punto de nieve e incorpórelas a la masa de las tortitas.

Caliente una sartén a fuego lento untada con un poco de mantequilla fundida o aceite. Vierta 60 ml de masa en la sartén y muévala para repartir la masa uniformemente. Cuézala hasta que se formen burbujas en la superficie. Déle la vuelta y cuézala 1 minuto más o hasta que se dore. Repita la operación hasta utilizar toda la masa.

Apile tres tortitas en cada plato y cúbralas con una cucharada generosa de ricota, rodajas de plátano y un trozo grande de miel de panal fresca.

Para 4 personas

Almuerzos

500 g kleingeschn. Hühnerfleisch
1 TL gem. Kummel
1 TL gem. Koriander
2 EL scharf-süße Soße
2 EL gehackte blätter
80 g frische geriebenes Brot
2 P. tiefgefr. od. frischer Blätterteig
1 Ei, leicht geschlagen
1 EL Sesamsamen

Thailändische Rollen mit Hühnerfleisch

Rollitos tailandeses de pollo

500 g de carne de pollo picada
1 cucharadita de comino molido
1 cucharadita de cilantro molido
2 cucharadas de salsa de guindilla
   dulce
2 cucharadas de hojas de cilantro
   picadas
80 g de pan recién rallado
2 láminas de masa de hojaldre
   congelada, descongeladas
   previamente
1 huevo ligeramente batido
1 cucharada de semillas de sésamo
hojas de oruga mini, para servir
salsa de guindilla dulce, para mojar

Precaliente el horno a 200°C. Mezcle el pollo, las especias, la salsa de guindilla y el pan rallado en un bol.

Extienda la mezcla por el borde de cada lámina de masa de hojaldre y enróllelas para encerrar el relleno. Disponga los rollos con la juntura hacia abajo en una bandeja forrada con papel parafinado, píntelos ligeramente con huevo batido y espolvoréelos con semillas de sésamo. Hornéelos 30 minutos o hasta que estén dorados y cocidos. Trocéelos y sírvalos con oruga y salsa de guindilla.

Para 6–8 personas

Fattoush con haloumi frito

2 pepinos de invernadero pequeños
4 panes pita
1 diente de ajo majado
2 cucharadas de zumo de limón
5 cucharadas de aceite de oliva
4 cebolletas cortadas en rodajas
4 tomates cortados en dados
2 pimientos verdes cortados en dados
1 manojo de perejil fresco picado
2 cucharadas de menta fresca picada
2 cucharadas de orégano picado
bayas secas de zumaque (opcional)
1 kg de queso haloumi cortado
  en 8 rodajas

Caliente la plancha. Pele el pepino, córtelo en cuartos a lo largo y luego en rodajas gruesas. Páselas a un colador y espolvoréelas con un poco de sal para que suelten el exceso de líquido, que empaparía la ensalada.

Parta cada pan pita por la mitad y tuéstelos por ambos lados en la plancha. Cuando el pan esté crujiente, pártalo en trozos pequeños. Para preparar el aliño, mezcle el ajo, el zumo de limón y 4 cucharadas de aceite. Enjuague el pepino y escúrralo.

Ponga el pepino, la cebolleta, el tomate, el pimiento verde, el perejil, la menta y el orégano en un bol grande. Añada el aliño y remuévalo todo bien.

Caliente la cucharada restante de aceite en una sartén antiadherente y fría el queso haloumi por ambos lados hasta que se dore. Esparza el pan sobre la ensalada y remueva bien.

Sirva el fattoush con las rodajas de queso haloumi por encima. Espolvoréelo con un poco de zumaque.

Para 4 personas

Tortilla de patatas con salmón ahumado

1 cucharada de aceite de oliva
400 g de patatas peladas y cortadas
   en dados
1 cebolla bien picada
8 huevos
2 cucharadas de eneldo picado
8 lonchas de salmón ahumado
80 g de queso mascarpone
4 puñados de hojas de lechuga

Caliente el aceite en una sartén anti-adherente y añada las patatas. Fríalas a fuego lento, removiéndolas para que se cuezan hasta el centro y se doren por todos los lados. Tardarán unos 10 minutos. Parta una patata por la mitad para comprobar si están completamente cocidas.

Una vez cocidas las patatas, añada la cebolla y fríala unos minutos a fuego lento hasta que quede tierna y translúcida. Precaliente el grill.

Cuando la cebolla esté casi lista, casque los huevos en un bol y bátalos con un poco de sal, pimienta recién molida y el eneldo.

Despedace el salmón ahumado en trozos y añádalo a la sartén. Vierta el mascarpone poco a poco. Con una espátula, agrupe la mezcla en el centro de la sartén y nivélela. Vierta los huevos por encima y cuézalos de 5 a 10 minutos, o hasta que cuajen.

Ponga la sartén bajo el grill durante 1 o 2 minutos para dorar ligeramente la superficie de la tortilla. Retire la tortilla de la sartén y córtela en ocho porciones. Disponga un puñado de hojas de lechuga en cada plato y sirva dos porciones de tortilla encima.

Para 4 personas

Bagels con salmón ahumado y salsa de alcaparras

4 bagels blancos o de centeno
100 g de queso crema Neufchâtel
200 g de lonchas de salmón ahumado
2 cebolletas picadas
2 tomates de pera bien picados
2 cucharadas de alcaparras mini
2 cucharadas de eneldo fresco bien
  picado
2 cucharadas de zumo de limón
1 cucharada de aceite de oliva virgen
  extra

Parta los bagels por la mitad, unte la rebanada inferior con abundante queso crema y disponga el salmón encima.

Mezcle la cebolleta, el tomate, las alcaparras, el eneldo, el zumo de limón y el aceite de oliva en un bol. Disponga la mezcla en un montoncito sobre el salmón y sirva los bagels.

Para 4 personas

Ensalada de arroz salvaje

95 g de arroz salvaje
250 ml de caldo de pollo
1 cucharada de mantequilla
100 g de arroz basmati
2 lonchas de beicon, sin corteza,
    troceadas y fritas
110 g de pasas de Corinto
60 g de almendras fileteadas tostadas
30 g de perejil picado
6 cebolletas cortadas en rodajas finas
la ralladura y el zumo de 1 limón
aceite de oliva, para rociar
cuñas de limón, para servir

Ponga el arroz salvaje y el caldo en un cazo, añada la mantequilla, lleve a ebullición y deje cocer a fuego lento, tapado, durante 1 hora. Escúrralo.

Ponga el arroz basmati en otro cazo con agua fría y llévela a ebullición. Hierva el arroz a fuego lento durante 12 minutos y escúrralo. Mézclelo con el arroz salvaje y déjelo enfriar.

Mezcle el arroz con el beicon, las pasas, las almendras, el perejil, la cebolleta y la ralladura y el zumo de limón. Sazónelo, rocíelo con aceite de oliva y sírvalo con cuñas de limón.

Para 4 personas

Caponata de tomate con mozzarella

2 berenjenas pequeñas cortadas
en dados grandes
aceite de oliva, para freír
1 cebolla cortada en dados grandes
2 tallos de apio cortados en rodajas
1 pimiento rojo cortado en dados
4 tomates de pera maduros picados
250 g de tomates cherry rojos
y 250 g de tomates cherry amarillos,
cortados por la mitad
2 cucharadas de vinagre de vino tinto
¼ cucharadita de azúcar
2 cucharadas de alcaparras
enjuagadas
90 g de aceitunas negras con hueso
400 g de queso mozzarella fresco
troceado
un puñado grande de perejil picado

Cueza la berenjena en agua hirviendo con sal durante 1 minuto y escúrrala. Escurra el exceso de humedad con las manos.

Caliente 2 cucharadas de aceite de oliva en una sartén grande y añada la berenjena. Dórela por todos los lados a fuego fuerte, añadiendo más aceite si es necesario. Una vez cocida, retírela de la sartén y déjela escurrir sobre papel de cocina.

Vierta un poco más de aceite en la sartén y sofría la cebolla y el apio unos 5 minutos o hasta que estén tiernos pero no dorados. Añada el pimiento y fríalo 2 minutos. Agregue el tomate picado y un par de cucharadas de agua. Deje hervir la mezcla a fuego lento 5 minutos o hasta que el líquido se evapore y añada los tomates.

Sazone bien la mezcla con pimienta negra. Incorpore el vinagre, el azúcar, las alcaparras y las aceitunas, y deje cocer 4 o 5 minutos a fuego lento. Añada la berenjena escurrida y prosiga la cocción de 5 a 10 minutos. Retire la preparación del fuego y déjela enfriar. Agregue la mozzarella y el perejil a la caponata y sírvala con una ensalada verde y un poco de pan para mojar en la salsa.

Para 4 personas

Ensalada cremosa de huevo

10 huevos grandes y 1 yema
de huevo
3 cucharaditas de zumo de limón
2 cucharaditas de mostaza de Dijon
70 ml de aceite de oliva
70 ml de aceite de alazor
2 cucharadas de eneldo picado
30 ml de crème fraîche o nata agria
2 cucharadas de alcaparras
enjuagadas y escurridas
20 g brotes de mostaza o de
mastuerzo

Ponga los huevos enteros en un cazo con agua. Llévela a ebullición y cuézalos a fuego lento 10 minutos. Escúrralos, enfríelos con agua fría y pélelos.

Para preparar el aliño, ponga la yema de huevo, el zumo de limón y la mostaza de Dijon en un robot de cocina y salpimiente. Con el motor en marcha, añada los aceites gota a gota y, luego, en un chorro fino y continuo, a medida que la mezcla se espese. Una vez preparada, pase la mayonesa a un bol grande, añada el eneldo, la crème fraîche o la nata agria y las alcaparras.

Corte los huevos en cuartos y añádalos a la mayonesa. Pase la ensalada a un bol de servir, espolvoréela con las puntas verdes de los brotes y sírvala.

Para 4 personas

Bruschetta de tomate y pesto

8 rebanadas gruesas de chapata
80 ml de aceite de oliva
125 ml de pesto
8 tomates de pera maduros
75 g de queso mascarpone

Caliente el grill a potencia máxima. Para preparar la bruschetta, unte ambos lados de cada rebanada de pan con aceite de oliva y dispóngalas en una bandeja de horno. Tuéstelas 3 minutos por cada lado o hasta que estén bien doradas y crujientes.

Extienda una cucharadita de pesto sobre cada bruschetta y retírelas de la bandeja. Corte los tomates en cuatro rodajas a lo largo y déjelos escurrir 1 minuto sobre un trozo de papel de cocina; esto evitará que el jugo de los tomates empape la bruschetta. Disponga las rodajas de tomate en la bandeja del horno.

Ase el tomate unos 5 minutos, hasta que empiece a cocerse y dorarse por los bordes. Una vez asado, disponga cuatro rodajas sobre cada bruschetta. Páselas de nuevo a la bandeja y tuéstelas 1 minuto para calentarlas bien. Añada una cucharada de mascarpone y un poco más de pesto a cada bruschetta, y sírvalas calientes.

Para 4 personas

Espárragos a la plancha con salsa

3 huevos
2 cucharadas de leche
1 cucharada de aceite de oliva
2 mazorcas de maíz
1 cebolla roja pequeña cortada
  en dados
1 pimiento rojo bien picado
2 cucharadas de tomillo fresco picado
2 cucharadas adicionales de aceite
  de oliva
2 cucharadas de vinagre balsámico
24 puntas de espárragos frescos
1 cucharada de aceite de nuez
  de macadamia
pan integral tostado, para servir

Bata los huevos con la leche. Caliente el aceite en una sartén antiadherente, añada el huevo y cuézalo a fuego medio hasta que cuaje. Déle la vuelta y cueza la tortilla por el otro lado. Retírela y déjela enfriar. Enróllela y córtela en rodajas gruesas.

Ase el maíz a la plancha o cuézalo en agua hirviendo hasta que esté tierno. Déjelo enfriar ligeramente y separe los granos de la mazorca. Para la salsa, mezcle el maíz, la cebolla, el pimiento, el tomillo, el aceite y el vinagre.

Deseche los extremos leñosos de los espárragos, úntelos con un poco de aceite de nuez de macadamia y áselos a la plancha hasta que estén tiernos. Sírvalos cubiertos con un poco de salsa y las tiras de tortilla, y acompañados de bastoncitos de pan tostado untados con mantequilla.

Para 4–6 personas

Rollitos de huevo frito y cebolla roja

1 ½ cucharadas de aceite de oliva
3 cebollas rojas cortadas en rodajas
  gruesas
1 pimiento rojo grande cortado
  en rodajas
3 cucharadas de vinagre balsámico
4 huevos
4 panes lavash
4 cucharadas de nata agria
salsa de guindilla dulce

Caliente el aceite en una sartén antiadherente y sofría la cebolla a fuego lento, removiendo de vez en cuando, hasta que esté tierna y translúcida. Añada el pimiento rojo y prosiga la cocción hasta que ambos estén tiernos. Suba el fuego y remueva 1 o 2 minutos, o hasta que empiecen a dorarse, y vierta el vinagre. Retire la mezcla de la sartén y manténgala caliente.

Casque los huevos en la sartén con cuidado; manténgalos separados si es posible. Cuézalos a fuego lento hasta que cuajen.

Caliente los panes lavash en el microondas o bajo el grill durante unos segundos (han de quedar blandos y tibios). Disponga los panes sobre una tabla, extienda una cucharada de nata agria en el centro de cada uno y rocíelos con un poco de salsa de guindilla. Ponga un montoncito de la mezcla de cebolla y pimiento en cada pan y cúbralo con un huevo frito. Salpimiente.

Doble un extremo de cada pan lavash y enróllelos a lo largo.

Para 4 personas

Sándwich mediterráneo

4 tomates de rama pequeños
cortados por la mitad
1 cabeza de ajo partida por la mitad
1 cucharada de aceite de oliva
virgen extra
15 g de hojas de albahaca
1 barra de pan de leña italiano
8 lonchas de queso provolone
8 lonchas de mortadela
1 manojo de oruga
aceite de oliva virgen extra adicional
vinagre balsámico

Precaliente el horno a 200ºC. Ponga los tomates y los ajos en una fuente para asar y rocíelos con aceite. Espolvoréelos con sal marina y pimienta negra machacada, y áselos durante 40 minutos o hasta que los ajos estén tiernos y los tomates, un poco secos. Añada las hojas de albahaca y prosiga la cocción 5 minutos o hasta que las hojas estén crujientes. Retire la fuente del horno.

Corte cuatro rebanadas gruesas de pan y tuéstelas ligeramente por ambos lados. Pele los dientes de ajo asados y unte las tostadas con la mitad de ellos. Disponga encima el provolone, la mortadela, la oruga, la albahaca y los tomates asados. Reparta el ajo asado restante y rocíelas con el aceite adicional y el vinagre. Sirva de inmediato.

Para 4 personas

Mini frittatas de boniato y puerro

1 kg de boniatos
1 cucharada de aceite de oliva
30 g de mantequilla
4 puerros, sólo la parte blanca,
cortados en rodajas finas
2 dientes de ajo majados
250 g de queso feta desmenuzado
8 huevos
125 ml de nata líquida

Precaliente el horno a 180°C. Engrase 12 moldes de magdalena de 125 ml de capacidad. Corte discos pequeños de papel parafinado y colóquelos en el fondo de cada molde. Corte el boniato en dados y hiérvalo, o cuézalo al vapor o en el microondas hasta que esté tierno. Escúrralo bien y resérvelo.

Caliente el aceite y la mantequilla en una sartén grande y sofría el puerro unos 10 minutos, removiendo de vez en cuando, hasta que quede muy blando y ligeramente dorado. Añada el ajo y fríalo 1 minuto más. Déjelo enfriar y agregue el feta y el boniato. Reparta la mezcla en los moldes.

Bata los huevos con la nata y sazónelos con sal y pimienta negra recién molida. Vierta la mezcla en los moldes hasta llenar $3/4$ de su capacidad y presione ligeramente las hortalizas. Hornee las frittatas de 25 a 30 minutos o hasta que cuajen y se doren. Déjelas reposar 5 minutos, desmóldelas con un cuchillo y déjelas enfriar sobre una rejilla antes de servirlas.

Para 12 unidades

Pollo a la tailandesa con fideos de celofán

4 cucharadas de crema de coco
1 cucharada de salsa de pescado
1 cucharada de azúcar de palma
2 pechugas de pollo sin piel y
    cortadas en tiras finas
120 g de fideos de celofán
2 tallos de hierba de limón
4 hojas de makrut (lima cafre)
1 cebolla roja bien picada
un puñado grande de hojas de
    cilantro picado
un puñado grande de menta picada
1–2 guindillas rojas cortadas en aros
3 guindillas de ojo verdes cortadas en
    aros finos
2 cucharadas de cacahuetes
    tostados picados
1–2 limas cortadas por la mitad o
    en cuartos

En un cazo pequeño o un wok, mezcle la crema de coco con la salsa de pescado y el azúcar de palma, y llévelo a ebullición. Añada el pollo y deje hervir a fuego lento hasta que esté cocido; sólo tardará 1 minuto si lo remueve un par de veces. Deje enfriar el pollo en la salsa. Remoje los fideos en agua hirviendo 1 o 2 minutos; estarán listos cuando se hayan vuelto translúcidos y blandos. Escúrralos y córtelos con unas tijeras.

Pele la hierba de limón hasta llegar al primer aro purpúreo y recorte la raíz. Haga dos o tres cortes en la raíz en forma de bulbo, córtela en rodajas finas hasta que deje de estar tierna y deseche la parte superior dura. Retire los tallos de las hojas de lima cafre doblando las hojas por la mitad, con la parte brillante hacia dentro, y estirando del tallo. Enrolle las hojas firmemente y córtelas en rodajas muy finas transversalmente.

Ponga todos los ingredientes, excepto la lima, en un bol con los fideos y el pollo con su salsa, y remueva para mezclarlo todo. A continuación, exprima la lima sobre el plato y remueva de nuevo.

Para 4 personas

Baguette con filete de vacuno, oruga y mayonesa a la mostaza

3 cucharadas de aceite de oliva, más
   aceite adicional para freír
1 cebolla roja cortada en rodajas
1 cucharadita de azúcar moreno
2 cucharaditas de vinagre balsámico
1 cucharadita de tomillo
1 cucharada de mostaza de Dijon
3 cucharadas de mayonesa
100 g de oruga
500 g de filete de vacuno cortado
   en 4 lonchas finas
2 baguettes gruesas cortadas por
   la mitad u 8 rebanadas gruesas
   de pan de buena calidad
2 tomates cortados en rodajas

Caliente 2 cucharadas de aceite en un cazo. Cueza la cebolla a fuego muy lento, tapada y removiendo de vez en cuando, hasta que esté tierna pero no dorada; tardará unos 15 minutos. Retire la tapa, añada el azúcar y el vinagre, y prosiga la cocción 10 minutos más o hasta que la cebolla esté tierna y ligeramente dorada. Retire el cazo del fuego y añada el tomillo.

Mientras tanto, prepare la mayonesa a la mostaza mezclando bien la mostaza y la mayonesa en un bol pequeño.

Rocíe las hojas de oruga con el aceite de oliva restante y sazónelas con sal y pimienta negra recién molida.

Caliente 1 cucharada del aceite adicional en una sartén a fuego vivo y fría la carne 2 minutos por cada lado; añada más aceite si es necesario. Salpimiéntela al gusto.

Sirva el pan junto con la cebolla, la mayonesa a la mostaza, las hojas de oruga, la carne y el tomate en boles individuales. Deje que cada comensal se prepare su baguette para que mezcle todos los sabores a su gusto.

Para 4 personas

Pulpitos a la plancha

2 kg de pulpitos
375 ml de vino tinto
3 cucharadas de vinagre balsámico
2 cucharadas de salsa de soja
125 ml de salsa de guindilla dulce
50 g de hojas de albahaca tailandesa,
    para servir

Limpie los pulpitos, procurando no romper las bolsas de tinta. Ponga los pulpitos, el vino y el vinagre en un cazo grande que no sea de aluminio y llévelo todo a ebullición. Baje el fuego y deje cocer los pulpitos 15 minutos o hasta que estén tiernos. Escúrralos y páselos a un bol. Añada las salsas de soja y guindilla dulce.

Caliente una plancha a fuego vivo y ase los pulpitos hasta que se peguen a la plancha y se chamusquen. Sírvalos sobre las hojas de albahaca.

Para 4 personas

Ensalada de carne con pepino agridulce

2 pepinos de invernadero pequeños
4 cucharaditas de azúcar extrafino
80 ml de vinagre de vino tinto
1 cucharada de aceite
2 filetes de carne de vacuno grandes
   o 4 pequeños cortados en tiras
8 cebolletas troceadas
2 dientes de ajo majados
2 cucharadas de jengibre rallado
2 cucharadas de salsa de soja
4 puñados de hojas de lechugas
   variadas

Corte los pepinos a lo largo, luego en rodajas finas y páselos a un colador. Sálelos ligeramente y déjelos reposar unos 10 minutos, así eliminará el exceso de humedad y evitará que tengan un sabor aguado.

Mientras tanto, ponga 2 cucharaditas de azúcar y 2 de vinagre en un bol y remueva hasta que el azúcar se disuelva. Enjuague el pepino para retirar la sal y escúrralo bien antes de envolverlo con papel de cocina para eliminar cualquier resto de humedad. Mezcle el pepino con la preparación de vinagre.

Caliente la mitad del aceite en una sartén hasta que humee. Añada la mitad de la carne y fríala 1 minuto. Retírela y repita la operación con el aceite y la carne restantes. Devuélvala toda a la misma sartén, añada la cebolleta y fríala 1 minuto. Agregue el ajo y el jengibre, remueva y vierta la salsa de soja y el resto del azúcar y del vinagre. Deje cocer hasta que la salsa se espese y retírela del fuego.

Sirva en cuatro platos, ponga un puñado de hojas de lechuga en cada uno y reparta la carne. Esparza un poco de pepino sobre la carne y sirva el resto aparte.

Para 4 personas

Ricotas con aliño de limón y hierbas

500 g de queso ricota
pan crujiente, para servir

Aliño
2 cucharadas de aceite de oliva
1 diente de ajo majado
la ralladura de 1 limón
2 cucharadas de zumo de limón
1 cucharada de vinagre balsámico
125 ml de aceite de oliva
150 g de tomates semisecos
    troceados
4 cucharadas de perejil picado

Engrase ligeramente cuatro moldes individuales de 125 ml y fórrelos con film transparente. Reparta la ricota en los moldes y presiónela firmemente. Envuélvalos con film transparente y déjelos en el frigorífico 2 horas.

Precaliente el horno a 220°C. Desmolde las ricotas sobre una bandeja forrada con papel parafinado y hornéelas 20 minutos o hasta que se doren.

Para preparar el aliño, mezcle todos los ingredientes en un bol. Sirva las ricotas en una fuente. Vierta un poco de aliño alrededor de cada una y rocíelas con un poco más de aliño.

Para 4 personas

Ensalada César

1½ lechugas romanas
16 rebanadas finas de baguette
310 ml de aceite de oliva
6 lonchas de beicon, sin corteza,
    troceadas
1 yema de huevo
1 diente de ajo
4 filetes de anchoa
1 cucharada de zumo de limón
salsa Worcestershire al gusto
un trozo de queso Parmesano

Parta la lechuga romana en trozos y póngalos en un bol grande. Precaliente el grill del horno.

Unte las rebanadas de baguette con un poco de aceite, por ambos lados, y tuéstelas hasta que se doren uniformemente. Déjelas enfriar.

Fría el beicon con un poco de aceite hasta que se dore y espárzalo sobre el bol con lechuga.

Introduzca la yema de huevo, el ajo y las anchoas en una batidora, triture durante 1 minuto y, con el motor en marcha, añada el aceite restante por la abertura superior en un chorro continuo. El aceite y el huevo deben ligarse de inmediato y formar una mayonesa. Agregue el zumo de limón y la salsa Worcestershire, remueva bien y salpimiente.

Haga virutas de parmesano raspando uno de los lados del queso con un pelador de patatas. Deben ser lo más finas posible.

Vierta el aliño sobre la lechuga, añada las virutas de parmesano y remuévalo todo bien. Reparta la ensalada en cuatro boles y disponga por encima las rebanadas de pan tostado.

Para 4 personas

Marisco a la plancha con salsa de guindilla dulce sobre hojas de plátano

500 g de langostinos pelados y sin el
  hilo intestinal, con las colas intactas
300 g de carne de vieira
500 g de calamares pequeños limpios
  y con los tubos cortados en cuartos
500 g de pulpitos limpios
250 ml de salsa de guindilla dulce
1 cucharada de salsa de pescado
2 cucharadas de zumo de lima
3 cucharadas de aceite de cacahuete
hojas de plátano cortadas en
  cuadrados, para servir
cuñas de lima, para servir

Introduzca los langostinos, las vieiras, los calamares y los pulpitos en un bol no metálico de paredes bajas.

En otro bol, mezcle la salsa de guindilla dulce, la salsa de pescado, el zumo de lima y 1 cucharada de aceite. Vierta la mezcla sobre el marisco y remueva suavemente para empaparlo. Deje marinar 1 hora. Escurra bien el marisco y reserve la marinada.

Caliente el aceite restante en una plancha. Fría el marisco por tandas (según el tamaño de la plancha) a fuego vivo de 3 a 5 minutos o hasta que esté tierno. Durante la cocción, rocíe cada tanda con un poco de la marinada restante.

Forme una pila con el marisco sobre cada cuadrado de plátano y sírvalos con cuñas de lima, si lo desea.

Para 4 personas

Frittata de calabacín y espinacas

1 cucharada de aceite de oliva
1 cebolla roja cortada en rodajas finas
2 calabacines cortados en rodajas
1 diente de ajo majado
300 g de hojas de espinacas mini
  sin los tallos
6 huevos
2 cucharadas de nata líquida
80 g de queso emmental rallado

Caliente el aceite en una sartén antiadherente mediana y fría la cebolla y el calabacín a fuego medio hasta que se doren ligeramente. Añada el ajo y fríalo 1 minuto. Agregue las espinacas y cuézalas hasta que se mustien y el exceso de humedad se haya evaporado; de otro modo, la fritatta quedará aguada en el centro, ya que las espinacas continuarán soltando líquido durante la cocción. Sacuda la sartén para repartir la mezcla uniformemente. Baje el fuego.

Bata los huevos con la nata y salpiméntelos. Incorpore la mitad del queso y vierta la mezcla sobre las espinacas. Cueza la base de la frittata durante unos 4 minutos o hasta que cuaje el huevo. Mientras tanto, precaliente el grill. Una vez cuajada la base de la frittata, esparza el queso restante por encima y ponga la sartén bajo el grill para cocer la superficie de la frittata.

Déjela reposar durante 1 minuto y retírela de la sartén dándole la vuelta. Córtela en porciones y sírvala.

Para 4 personas

Setas con feta marinado

2 tomates carnosos grandes
20 puntas de espárragos frescos
300 g de queso feta marinado
60 ml de aceite de oliva virgen extra
la ralladura de 1 limón
2 dientes de ajo majados
2 cucharadas de zumo de limón
4 setas silvestres grandes, limpiadas
con un cepillo y sin los pies
4 huevos
orégano fresco para adornar

Corte los tomates en rodajas gruesas. Retire los extremos de los espárragos.

Escurra el aceite del feta y páselo a un bol no metálico. Incorpore el aceite de oliva, la ralladura de limón, el ajo y el zumo de limón. Sazónelo con pimienta negra machacada.

Ponga las setas y los tomates en una fuente de paredes bajas y vierta la mezcla de aceite por encima. Remueva con cuidado y déjelos marinar 15 minutos. Escurra las setas, reservando la marinada, y áselas con los tomates en una plancha ligeramente engrasada hasta que estén tiernas.

Añada las puntas de espárrago al final de la cocción y, por último, los huevos. Ponga las setas en una fuente, cúbralas con varias puntas de espárrago, una rodaja de tomate, un huevo y un poco de feta. Rocíelo todo con la marinada y adórnelo con el orégano.

Para 4 personas

Sándwich tostado de queso, alioli y jamón dulce

1 barra de chapata o pan turco
1 diente de ajo majado
125 ml de mayonesa
4 lonchas de jamón dulce
100 g de tomates semisecos
  troceados
2 cucharadas de alcaparras picadas
6–8 lonchas de queso Cheddar

Precaliente el grill. Corte el pan por la mitad horizontalmente y luego en cuatro partes iguales. Tueste todos los trozos. Para preparar el alioli, mezcle el ajo con la mayonesa y sazónelo con abundante sal y pimienta.

Unte con alioli el interior de cada sándwich. Disponga una loncha de jamón en cuatro de los trozos y reparta los tomates y las alcaparras por encima. Cúbralos con una capa gruesa de queso y páselos a una fuente de horno.

Hornéelos bajo el grill hasta que el queso se derrita y empiece a formar burbujas. Cúbralos con el pan restante y presione firmemente.

Corte cada sándwich por la mitad en diagonal y sírvalos.

Para 4 personas

Sándwich de carne con salsa verde

2 dientes de ajo majados
4 puñados de perejil
½ manojo de hojas de albahaca
½ manojo de hojas de menta
3 cucharadas de aceite de oliva
2 cucharaditas de alcaparras picadas
2 cucharaditas de zumo de limón
2 cucharaditas de vinagre de vino
  tinto
4 filetes finos de carne de vacuno
4 trozos grandes de chapata o pan
  turco, cortados por la mitad
  horizontalmente
1 pepino de invernadero pequeño
  cortado en rodajas

Para preparar la salsa verde, introduzca el ajo y las hierbas en un robot de cocina con 2 cucharadas de aceite y tritúrelos ligeramente. Pase la mezcla a un bol, añada las alcaparras, el zumo de limón y el vinagre y salpimiente.

Caliente el aceite restante en una sartén y fría los filetes 1 minuto por cada lado; deben cocerse muy rápidamente y empezar a dorarse.

Mientras se fríe la carne, tueste el pan. Unte con un poco de salsa verde todos los trozos de pan y prepare cuatro sándwiches con los filetes y el pepino.

Para 4 personas

Pizzeta

125 g de harina blanca
150 g de harina integral
2 cucharaditas de levadura seca
½ cucharadita de azúcar
½ cucharadita de sal
2 cucharadas de yogur natural
2 cucharadas de concentrado de
   tomate
1 diente de ajo majado
1 cucharadita de orégano seco
20 g de virutas de jamón dulce magro
2 cucharaditas de queso mozzarella
   ligero rallado
oruga picada, para servir
aceite de oliva virgen extra,
   para servir

Tamice la harina blanca en un bol y añada la harina integral, la levadura, el azúcar y la sal. Forme un hueco en el centro, añada 125 ml de agua y el yogur, y mezcle hasta formar una masa. Trabájela sobre una superficie ligeramente enharinada 5 minutos o hasta que quede fina y elástica. Cúbrala con un paño y déjela reposar en un lugar cálido de 20 a 30 minutos o hasta que doble su volumen.

Precaliente el horno a 200ºC. Golpee la masa, trabájela 30 segundos y divídala en cuatro porciones. Extiéndalas hasta formar discos de 15 cm y páselos a una bandeja de horno.

Mezcle el concentrado de tomate, el ajo, el orégano y 1 cucharada de agua. Unte con la pasta resultante las bases de masa y añada el jamón y la mozzarella. Hornéelas de 12 a 15 minutos o hasta que estén crujientes y doradas por el borde. Justo antes de servir, espolvoree la oruga por encima y rocíelas con aceite de oliva virgen extra.

Para 4 unidades

Ensalada Niçoise

8 patatas pequeñas de ensalada
(unos 600 g)
180 g de judías verdes pequeñas, sin
las puntas y partidas por la mitad
1 cucharada de aceite de oliva
400 g de atún fresco cortado en
dados
1 diente de ajo majado
1 cucharadita de mostaza de Dijon
2 cucharadas de vinagre de vino
blanco
125 ml de aceite de oliva adicionales
4 puñados de hojas de lechuga verde
12 tomates cherry cortados por la
mitad
90 g de aceitunas negras
2 cucharadas de alcaparras
escurridas
4 huevos duros cortados en cuartos
8 anchoas cortadas por la mitad
cuñas de limón

Cueza las patatas en agua hirviendo
con sal durante unos 10 minutos o
hasta que estén tiernas. Escúrralas,
córtelas en cuñas y páselas a un bol.
Cueza las judías en agua hirviendo
con sal durante 3 minutos, escúrralas
y póngalas 1 minuto bajo el chorro de
agua fría; esto detendrá la cocción.
Añádalas a las patatas.

Caliente el aceite de oliva en una sartén y, cuando esté listo, fría los dados
de atún unos 3 minutos o hasta que
se doren por todos los lados. Agrégue-
los a las patatas y las judías.

Bata el ajo, la mostaza y el vinagre, y
añada el aceite adicional en un chorro
fino y continuo, batiendo hasta obtener
una mezcla homogénea. Salpimiéntela.

Cubra el fondo de un bol grande con
las hojas de lechuga. Esparza las patatas, las judías, el atún, los tomates, las
aceitunas y las alcaparras por encima
y rocíelo todo con el aliño. Decore con
el huevo y las anchoas y exprima un
poco de limón sobre la ensalada.

Para 4 personas

Ensalada de beicon y aguacate

8 lonchas de beicon sin corteza
400 g de judías verdes sin las puntas
  y partidas por la mitad
300 g de hojas de espinacas mini
2 chalotes franceses cortados en
  rodajas finas
2 aguacates
¼ cucharadita de azúcar moreno
1 diente de ajo majado
80 ml de aceite de oliva
1 cucharada de vinagre balsámico
1 cucharadita de aceite de sésamo

Precaliente el grill. Disponga el beicon en una bandeja y tuéstelo bajo el grill por ambos lados hasta que esté dorado y crujiente. Déjelo enfriar y córtelo en trozos.

Cueza las judías 4 minutos en una cacerola con agua hirviendo. Escúrralas y páselas por agua fría unos segundos para detener la cocción.

Ponga las espinacas en un bol grande y añada las judías, el beicon y los chalotes. Corte los aguacates por la mitad y luego en dados, y añádalos al bol de la ensalada.

Para preparar el aliño, mezcle el azúcar moreno y el ajo en un bol pequeño. Añada el resto de los ingredientes y bátalo todo.

Vierta el aliño sobre la ensalada y remueva bien. Espolvoréela con un poco de pimienta negra recién molida y un poco de sal.

Para 4 personas

Paquetitos de queso de cabra, puerro y tapenade

110 g de mantequilla
4 puerros cortados en rodajas finas
8 láminas de pasta filo
2 cucharadas de tapenade
4 ramitas pequeñas de tomillo
4 piezas pequeñas o 4 rodajas
gruesas de queso de cabra

Precaliente el horno a 180°C. Derrita la mitad de la mantequilla en una cacerola, añada los puerros y remueva hasta que queden cubiertos de mantequilla. Cuézalos a fuego lento hasta que estén muy tiernos.

Derrita el resto de la mantequilla en un cazo. Disponga una lámina de pasta filo sobre la superficie de trabajo con el extremo más estrecho hacia usted. Pinte la pasta con mantequilla. Disponga otra lámina sobre la primera y cúbrala con un paño para evitar que se seque. Repita la operación con las seis láminas restantes.

Cuando los puerros estén cocidos, destape la pasta filo. Unte la mitad de cada porción de pasta con un cuarto de la tapenade; deje un borde ancho alrededor. Reparta los puerros en la pasta filo, cubriendo con ellos la tapenade. Ponga sobre cada montoncito de puerro queso de cabra y una ramita de tomillo. Doble el extremo inferior de la pasta hacia arriba y los dos lados hacia adentro, para envolver el relleno, y enrolle la pasta formando un paquetito. Repita la operación con la pasta restante. Pinte los paquetitos con mantequilla y hornéelos 20 minutos. La pasta debe quedar dorada y el relleno, fundido.

Para 4 personas

Ensalada de espinacas con pollo y aliño de sésamo

450 g de hojas de espinacas mini
1 pepino de invernadero pequeño
   pelado y cortado en dados
4 cebolletas picadas
2 zanahorias cortadas en bastoncitos
2 pechugas de pollo cocidas
2 cucharadas de tahina
2 cucharadas de zumo de lima
3 cucharaditas de aceite de sésamo
1 cucharadita de azúcar
una pizca de copos de guindilla
2 cucharadas de semillas de sésamo
un puñado grande de hojas de
   cilantro

Ponga las espinacas en un bol grande. Esparza el pepino, la cebolleta y la zanahoria por encima. Corte la pechuga de pollo en tiras y repártalas sobre las hortalizas.

Mezcle la tahina, el zumo de lima, el aceite de sésamo, el azúcar y los copos de guindilla, y añada sal al gusto. Rocíe la ensalada con el aliño.

Tueste las semillas de sésamo en una sartén sin aceite a fuego lento durante 1 o 2 minutos, sin dejar de remover. Cuando empiecen a dorarse y huelan a tostado, espárzalas sobre la ensalada y espolvoree las hojas de cilantro por encima. Remueva la ensalada justo antes de servirla.

Para 4 personas

Sándwich de pollo

2 pechugas de pollo sin piel cortadas
por la mitad horizontalmente
2 cucharadas de aceite de oliva
2 cucharadas de zumo de limón
4 trozos grandes de chapata o pan
turco, cortados por la mitad en
sentido horizontal
1 diente de ajo cortado por la mitad
mayonesa
1 aguacate cortado en rodajas
2 tomates cortados en rodajas
un puñado grande de hojas de oruga,
sin los tallos largos

Aplane cada trozo de pollo golpeándo-
lo con el puño, la hoja de un cuchillo
o una cuchilla de carnicero, o un mazo
de carne. No rompa la carne, simplemente aplánela un poco. Retire la grasa y los nervios.

Caliente el aceite en una sartén, añada
los trozos de pollo y fríalos por ambos
lados durante unos minutos o hasta
que estén cocidos (para comprobarlo,
haga un corte en el centro de uno de
ellos) y dorados. Rocíelos con el zumo
de limón y retírelos de la sartén. Añada
el pan a la sartén con la miga hacia
abajo y cuézalo 1 minuto, presionándolo para aplanarlo y hacer que absorba
los jugos. Retire el pan de la sartén,
frote la miga con el ajo y unte todos
los trozos con abundante mayonesa.
Ponga un trozo de pollo en cada trozo de pan, salpimiéntelos y cúbralos
con aguacate y tomate; salpimiéntelos de nuevo. Añada la oruga y el pan
restante, y sirva.

Para 4 personas

Ensalada vietnamita de pollo

2 pechugas de pollo o 4 muslos,
  cocidos
2 cucharadas de zumo de lima
1½ cucharadas de salsa de pescado
¼ cucharadita de azúcar
1–2 guindillas de ojo bien picadas
1 diente de ajo majado
2 chalotes franceses cortados en
  rodajas finas
2 puñados de brotes de soja
un puñado grande de col china
  cortada en tiras finas
4 cucharadas de menta vietnamita
  u hojas de menta, bien picadas

Deseche la piel y los huesos del pollo
y desmenuce la carne.

Para preparar el aliño, mezcle el zumo
de lima, la salsa de pescado, el azúcar,
la guindilla, el ajo y el chalote.

Lleve un cazo de agua a ebullición y
añada los brotes de soja. Al cabo de
10 segundos, escúrralos y páselos
por agua fría para detener la cocción.

Mezcle los brotes de soja con la col
china, la menta vietnamita y el pollo.
Vierta el aliño sobre la ensalada y remuévalo todo bien.

Para 4 personas

Alitas de pollo
a la barbacoa con miel

12 alitas de pollo
4 cucharadas de salsa de soja
3 cucharadas de jerez
3 cucharadas de aceite
1 diente de ajo majado
3 cucharadas de miel

Enjuague las alitas de pollo y séquelas bien con papel de cocina. Doble las puntas de las alas hacia abajo.

Ponga las alitas en una fuente no metálica de paredes bajas. Bata la salsa de soja, el jerez, el aceite y el ajo, y viértalo sobre las alitas; remueva ligeramente para que se empapen bien. Cúbralas con film transparente y déjelas en el frigorífico 2 horas para que el pollo absorba parte del adobo; resultará más fácil si le da la vuelta a las alitas de vez en cuando.

Caliente la miel hasta que adquiera una consistencia que permita untar con ella las alitas; puede calentarla ligeramente en el microondas o en un cazo.

Engrase ligeramente una barbacoa o una plancha y caliéntela. Retire las alitas de pollo del adobo y dispóngalas en la plancha caliente. Áselas hasta que estén tiernas y bien cocidas, dándoles la vuelta de vez en cuando; tardarán unos 12 minutos. Unte las alitas con la miel caliente y áselas durante 2 minutos más.

Para 4 personas

Enchiladas de alubias

1 cucharada de aceite de oliva
de baja graduación
1 cebolla cortada en rodajas finas
3 dientes de ajo majados
1 guindilla de ojo bien picada
2 cucharaditas de comino molido
125 ml de caldo de verduras
3 tomates pelados, sin semillas
y picados
1 cucharada de concentrado
de tomate
860 g de mezcla de tres alubias
en conserva
2 cucharadas de hojas de cilantro
picadas
8 tortillas de harina
1 aguacate pequeño pelado y picado
125 g de nata agria ligera
10 g de ramitas de cilantro
116 g de lechuga cortada en juliana

Caliente el aceite en una sartén honda
a fuego medio. Añada la cebolla y fríala
3 o 4 minutos o hasta que esté tierna.
Agregue el ajo y la guindilla, y sofríalos
30 segundos. Incorpore el comino,
el caldo de verduras, los tomates y el
concentrado de tomate y deje cocer
de 6 a 8 minutos o hasta que la mezcla quede bastante espesa y pastosa.
Sazónela con sal y pimienta negra
recién molida.

Precaliente el horno a 170°C. Escurra
y enjuague las alubias. Añádalas a la
salsa, y caliéntelas 5 minutos en la
sartén. Agregue el cilantro picado.

Mientras tanto, envuelva las tortillas
en papel de aluminio y caliéntelas en
el horno durante 3 o 4 minutos.

Coloque cada tortilla en un plato y
úntelas con 1/4 taza de la mezcla de
alubias. Ponga encima aguacate, nata
agria, ramitas de cilantro y lechuga.
Enrolle las enchiladas y ciérrelas por los
bordes. Córtelas por la mitad y sírvalas.

Para 4 personas

Rollitos de tallarines de arroz al vapor

700 g de pato a la barbacoa o asado
8 rollos de tallarines de arroz
2 cebolletas cortadas en juliana
2 rodajas gruesas de jengibre fresco
cortadas en juliana
un puñado de hojas de cilantro
salsa de ostras, para rociar
salsa de guindilla, para servir

Corte el pato en trozos pequeños. Separe la carne de los huesos; deje la piel pero retire cualquier trozo de grasa.

Desenrolle con cuidado los tallarines de arroz. Si están algo duros, cuézalos al vapor o en el microondas 1 o 2 minutos. Si están envasados al vacío, también puede sumergir el envase en agua hirviendo 5 minutos.

Forme un montoncito de carne de pato (una octava parte de la cantidad total) en un borde del extremo más estrecho de una lámina de tallarines y disponga encima un poco de cebolleta, jengibre y cilantro. Rocíela con 1 cucharadita de salsa de ostras y enróllela. Repita la operación con las láminas restantes. Ponga los rollitos en una fuente refractaria.

Introduzca la fuente en una vaporera de bambú o de metal y colóquela sobre un cazo lleno de agua al punto de ebullición. Tape el cazo y cueza al vapor 5 minutos.

Sirva los rollitos cortados en rodajas y rociados con más salsa de ostras. Acompáñelos con un poco de salsa de guindilla.

Para 4 personas

Ensalada de langostinos y mango

6 lonchas de beicon troceadas
2 kg de langostinos grandes cocidos,
   pelados y sin el hilo intestinal, con
   las colas intactas
3 mangos grandes pelados, en cuñas
2 aguacates grandes, en rodajas

Aliño
2 cucharadas de nata agria
175 g de puré de mango en conserva
3 cucharadas de zumo de lima
20 ml de salsa de guindilla dulce

Para preparar el aliño, mezcle todos los ingredientes en un bol pequeño y bata hasta obtener una textura homogénea.

Fría el beicon hasta que esté crujiente y escúrralo sobre papel de cocina.

Disponga los langostinos, el mango y el aguacate en una fuente grande, y esparza los trocitos de beicon por encima. Rocíe la ensalada con el aliño y sírvala.

Para 6 personas

Torta picante de chirivía y beicon

8 chirivías troceadas
4 cucharadas de mantequilla
8 lonchas de beicon, sin corteza, troceadas
2 guindillas rojas bien picadas
4 chalotes franceses bien picados
1½ cucharaditas de garam masala
2 cucharadas de mostaza de grano entero
1 cucharada de miel
125 ml de nata líquida
hojas de ensalada, para servir

Lleve una cacerola de agua a ebullición y cueza las chirivías a fuego lento durante 15 minutos. Escúrralas bien.

Derrita 2 cucharadas de mantequilla en una sartén antiadherente grande y fría el beicon hasta que se dore. Añada la guindilla y los chalotes picados y fríalos 2 minutos. Incorpore el garam masala y retire la sartén del fuego.

Chafe las chirivías y agréguelas a la mezcla de beicon. Ponga de nuevo la sartén en el fuego con las 2 cucharadas de mantequilla restantes, añada la mezcla de chirivía en forma de montoncito y aplánela con una espátula. Fríala unos minutos: debe adquirir forma de torta. Pásela a una fuente, déle la vuelta y fríala por el otro lado.

Mientras se fríe la torta, mezcle la mostaza, la miel y la nata en un cazo pequeño a fuego lento hasta que la mezcla hierva.

Cuando la torta esté dorada por ambos lados, vuélquela sobre una tabla. Córtela en porciones y sírvalas con la salsa de miel y mostaza y unas hojas de ensalada.

Para 4 personas

Tejas crujientes de lavash con setas a la mantequilla

3 trozos de pan lavash o pan libanés
2 cucharadas de aceite de oliva
25 g de queso parmesano rallado fino
100 g de mantequilla
4 cebolletas cortadas en rodajas
750 g de setas variadas (champiñones silvestres, champiñones botón, rebozuelos, matsutake, enoki) cortadas en láminas
1 cucharada de hojas de perifollo

Precaliente el horno a 180°C. Corte el pan lavash en tiras de 3 cm de ancho y úntelas ligeramente con 1 cucharada de aceite. Espolvoréelas con el queso parmesano y hornéelas 10 minutos o hasta que estén crujientes.

Caliente la mantequilla y el aceite restante en una sartén grande hasta que chisporroteen. Añada la cebolleta y los champiñones silvestres y sofríalos a fuego medio hasta que estén tiernos. Agregue los champiñones botón, los rebozuelos y los matsutake, y cuézalos hasta que se evapore todo el líquido. Retire la sartén del fuego e incorpore las setas enoki.

Entrelace las tiras de pan lavash, formando un cuadrado. Forme un montoncito en el centro con las setas, adórnelo con el perifollo y sírvalo de inmediato.

Para 4 personas

Platos informales

Risotto de pollo y puerros al horno

60 g de mantequilla
1 puerro cortado en rodajas finas
2 filetes de pechuga de pollo
  cortados en dados pequeños
440 g de arroz para risotto
60 ml de vino blanco
1,25 l de caldo de pollo
35 g de queso parmesano rallado
2 cucharadas de hojas de tomillo,
  más adicionales para adornar
queso parmesano recién rallado,
  adicional

Precaliente el horno a 150°C e introduzca en él una fuente refractaria de 5 l de capacidad con tapa.

Caliente la mantequilla en una cacerola a fuego medio, añada el puerro y sofríalo unos 2 minutos. Agregue el pollo y remueva 3 minutos. Incorpore el arroz y remueva 1 minuto. Vierta el vino y el caldo, y lleve a ebullición.

Pase la mezcla a la fuente refractaria y tápela. Hornéela durante 30 minutos, removiendo bien a mitad de cocción. Retire la fuente del horno y añada el queso y el tomillo. Salpimiente el risotto y espolvoréelo con más tomillo y queso.

Para 4 personas

Espaguetis a la carbonara

1 cucharada de aceite de oliva
300 g de panceta cortada en dados
  pequeños
160 ml de nata espesa
6 yemas de huevo
400 g de espaguetis
65 g de queso parmesano rallado

Caliente el aceite de oliva en un cazo y fría la panceta, removiendo con frecuencia, hasta que quede ligeramente dorada y crujiente. Pásela a un colador para escurrir el aceite sobrante.

Mezcle la nata y las yemas de huevo en un bol y añada la panceta, una vez fría.

Cueza los espaguetis en una olla con agua hirviendo y sal hasta que estén *al dente*, removiendo una o dos veces para evitar que se peguen. Escúrralos y reserve una taza pequeña del agua de cocción.

Pase de nuevo los espaguetis a la olla y póngala a fuego lento. Añada la mezcla de huevo y la mitad del queso parmesano, y retire la olla del fuego para que el huevo no cuaje. Salpimiente y mezcle bien. Si la salsa es demasiado espesa y la pasta se pega, añada un poco del agua de cocción reservada. Los espaguetis deben parecer envueltos en una fina capa de huevo y nata.

Sirva los espaguetis en boles calientes con más queso parmesano espolvoreado por encima.

Para 4 personas

Minestrone a la milanesa

225 g de judías borlotto secas
55 g de mantequilla
1 cebolla bien picada
1 diente de ajo bien picado
3 cucharadas de perejil bien picado
2 hojas de salvia
100 g de panceta cortada en dados
2 tallos de apio cortados por la mitad
  y en rodajas
2 zanahorias cortadas en rodajas
3 patatas enteras peladas
1 cucharadita de concentrado
  de tomate
400 g de tomates troceados en
  conserva
8 hojas de albahaca
3 l de caldo de pollo o de verduras
2 calabacines cortados en rodajas
225 g de guisantes desvainados
125 g de judías verdes cortadas
  en tiras de 4 cm de largo
¼ col cortada en tiras finas
220 g de arroz para risotto
queso parmesano rallado, para servir

Ponga las judías secas en un bol grande, cúbralas con agua fría y déjelas en remojo toda la noche. Escúrralas y enjuáguelas con agua fría.

Derrita la mantequilla en un cazo y sofría la cebolla, el ajo, el perejil, la salvia y la panceta a fuego lento, removiendo hasta que la cebolla esté tierna.

Añada el apio, la zanahoria y las patatas y cueza 5 minutos. Agregue el concentrado de tomate, los tomates, la albahaca y las judías borlotto. Sazone con pimienta. Vierta el caldo y llévelo a ebullición a fuego lento. Tápelo y déjelo hervir 2 horas, removiendo.

Si las patatas no se han partido, trocéelas con un tenedor contra la pared del cazo. Rectifique la condimentación y añada el calabacín, los guisantes, las judías verdes, la col y el arroz. Deje hervir hasta que el arroz esté cocido. Sirva con queso parmesano.

Para 6 personas

Atún con salsa mornay

60 g de mantequilla
2 cucharadas de harina
500 ml de leche
½ cucharadita de mostaza seca
90 g de queso Cheddar rallado
600 g de atún en salmuera en
conserva, escurrido
2 cucharadas de perejil bien picado
2 huevos duros troceados
4 cucharadas de pan recién rallado
pimentón, para espolvorear

Precaliente el horno a 180°C. Derrita la mantequilla en un cazo pequeño, añada la harina y remueva a fuego lento 1 minuto. Retire el cazo del fuego y vierta lentamente la leche, removiendo al mismo tiempo hasta obtener una salsa homogénea. Ponga de nuevo el cazo en el fuego y no deje de remover hasta que la salsa hierva y se espese. Baje el fuego y deje hervir 2 minutos más. Retire el cazo del fuego e incorpore la mostaza y dos tercios del queso; no deje de remover hasta obtener una salsa de queso fina y consistente.

Desmenuce el atún con un tenedor y añádalo a la salsa de queso junto con el perejil y el huevo. Salpimiente la mezcla y viértala en cuatro moldes refractarios de 250 ml de capacidad.

Prepare la cobertura mezclando el pan rallado y el resto del queso, y espolvoréela sobre los moldes. Añada un toque de color espolvoreando la superficie con una pizca de pimentón. Hornee hasta que la superficie quede bien dorada, unos 20 minutos.

Para 4 personas

Berenjenas a la parmesana

1,5 kg de berenjenas
harina sazonada con sal y pimienta
350 ml de aceite de oliva
500 ml de passata de tomate o salsa
de tomate para pasta
2 cucharadas de hojas de albahaca
troceadas
250 g de queso mozzarella troceado
90 g de queso parmesano rallado

Corte las berenjenas a lo largo en rodajas finas. Espolvoréelas con sal y dispóngalas en un colador grande. Déjelas reposar 1 hora. Enjuáguelas, séquelas bien por ambos lados con papel de cocina y enharínelas ligeramente.

Precaliente el horno a 180°C y engrase una fuente de horno de paredes bajas de 2,5 l de capacidad.

Caliente 125 ml del aceite de oliva en una sartén grande. Fría las rodajas de berenjena por tandas a fuego vivo hasta que queden crujientes y doradas por ambos lados y escúrralas sobre papel de cocina. Añada más aceite de oliva si es necesario.

Forme una capa de rodajas de berenjena ligeramente superpuestas en el fondo del plato. Salpimiéntela. Vierta 4 cucharadas de passata sobre la berenjena y esparza un poco de albahaca por encima. Espolvoree un poco de mozzarella, seguida de un poco de parmesano. Forme capas hasta utilizar todos los ingredientes y termine con una capa de quesos.

Hornee 30 minutos. Retire la fuente del horno y deje enfriar ½ hora antes de servir.

Para 8 personas

Pizza margarita

2 paquetes de preparado para masa
de pizza o 2 bases preparadas
8 tomates de pera muy maduros
un puñado de hojas de albahaca
4 dientes de ajo majados
2 cucharadas de passata de tomate
o salsa de tomate para pasta
5 cucharadas de aceite de oliva
400 g de queso mozzarella fresco
troceado

Si utiliza un preparado, elabore la base de pizza según las instrucciones del envase y déjela leudar. Caliente el horno al máximo: las pizzas deben cocerse lo más rápido posible.

Retire los corazones, las semillas y el jugo de los tomates, trocee la pulpa y tritúrela en un robot de cocina con 8 hojas de albahaca. Añada el ajo, la passata y 2 cucharadas de aceite de oliva y salpimiéntelo.

Extienda las bases de pizza hasta formar discos de 30 cm y dispóngalas en bandejas de horno untadas con aceite; si las bases se encogen al moverlas, estírelas de nuevo. Rocíelas con un poco de aceite de oliva. Con una cuchara, unte la base con la salsa de tomate, extendiéndola hasta el borde. Esparza la mozzarella por encima y rocíela con un poco más de aceite de oliva.

Cueza las pizzas de 5 a 12 minutos (dependerá de la temperatura del horno) o hasta que la base esté ligeramente dorada y crujiente, y la superficie, cocida. Antes de servir, rocíe las pizzas con un poco más de aceite y esparza la albahaca restante por encima.

Para 2 pizzas grandes

Sopa de setas

2 cucharadas de mantequilla
1 cebolla bien picada
12 setas silvestres grandes
   (unos 1,4 kg) bien picadas
2 dientes de ajo majados
2 cucharadas de jerez seco
1 l de caldo de pollo o de verduras
2 cucharadas de perejil bien picado
nata líquida

Derrita la mantequilla en una cacerola y fría la cebolla hasta que quede translúcida pero no dorada. Añada las setas y el ajo. Al principio las setas pueden soltar mucho líquido, de modo que prosiga la cocción hasta que se haya absorbido todo en la mezcla. Tardará de 15 a 20 minutos.

Añada el jerez a la cacerola, suba el fuego y deje hervir la mezcla; así se eliminará el alcohol pero se conservará el sabor. Déjela enfriar un poco y pásela a una batidora. Mezcle hasta formar una pasta homogénea, vierta el caldo y bata hasta que quede fina. Añada el perejil y un par de cucharadas de nata, y mezcle bien. Vierta de nuevo la preparación en la cacerola y caliéntela a fuego lento. Sirva la sopa con pan.

Para 4 personas

Gambas con ajo y guindilla

125 ml de aceite de oliva
6 dientes de ajo majados
1 cebolla roja bien picada
3–4 guindillas secas cortadas por
    la mitad, sin semillas
1,125 kg de gambas grandes
    (unas 32) peladas y sin el hilo
    intestinal, con las colas intactas
4 tomates bien picados
un puñado de perejil o cilantro picado

Caliente el aceite en una sartén grande o una cazuela de paredes bajas. Añada el ajo, la cebolla y la guindilla, y sofríalos unos minutos. Agregue las gambas y cuézalas unos 4 minutos, hasta que queden bien rosadas.

Una vez cocidas las gambas, añada el tomate y cuézalo 1 o 2 minutos. Sazónelo con sal e incorpore las hierbas. Lleve la cazuela a la mesa y colóquela sobre un salvamanteles. Sirva el plato acompañado de pan para mojar.

Para 4 personas

Imam bayildi

2 berenjenas
5 cucharadas de aceite de oliva
2 cebollas medianas picadas
2 dientes de ajo majados
6 tomates maduros picados
1 cucharadita de canela molida
un puñado grande de perejil picado
500 ml de zumo de tomate
yogur natural espeso

Precaliente el horno a 200°C. Corte la berenjena por la mitad a lo largo. Para vaciar el centro, pase un cuchillo pequeño afilado alrededor del borde de cada mitad, a 1 cm de la piel. Vacíe la pulpa del centro, por dentro de la línea de corte, para formar cuatro moldes. Reserve la pulpa y trocéela fina.

Caliente 4 cucharadas de aceite en una sartén y fría la pulpa de la berenjena, la cebolla y el ajo hasta que la cebolla esté tierna y cocida. Añada el tomate y su jugo, y mézclelo todo bien. Salpimiéntelo y agregue la canela. Cueza la mezcla hasta que el líquido se haya evaporado e incorpore el perejil.

Rellene los moldes de berenjena con la mezcla y dispóngalos en una fuente de horno grande. Vierta el zumo de tomate alrededor de la berenjena: esto evitará que se seque durante la cocción. Rocíe las berenjenas con el aceite restante.

Hornee los moldes de berenjena durante 1 hora y 10 minutos, hasta que la pulpa quede tierna y el relleno, dorado. Sírvalos con un poco del zumo de tomate rociado por encima y una cucharada de yogur.

Para 4 personas

Salchichas con lentejas

3 cucharadas de aceite de oliva
8 salchichas italianas
1 cebolla picada
3 dientes de ajo cortados en láminas
  finas
2 cucharadas de romero bien picado
800 g de tomates en conserva
16 enebrinas ligeramente
  machacadas
1 cucharadita de nuez moscada
  recién rallada
1 hoja de laurel
1 guindilla seca
200 ml de vino tinto
100 g de lentejas verdinas
romero adicional para adornar

Caliente el aceite de oliva en una cacerola y fría las salchichas de 5 a 10 minutos, dorándolas bien por todos los lados. Retírelas y resérvelas.

Baje el fuego al mínimo, añada la cebolla y el ajo a la cacerola, y sofríalos hasta que la cebolla quede tierna y translúcida, pero no dorada. Agregue el romero y los tomates, y deje cocer a fuego lento hasta que la salsa se haya espesado.

Incorpore las enebrinas, la nuez moscada, la hoja de laurel, la guindilla, el vino tinto y 400 ml de agua. Lleve a ebullición y añada las lentejas y las salchichas cocidas. Remueva bien, tape la cacerola y deje hervir a fuego lento unos 40 minutos o hasta que las lentejas estén tiernas. Remueva un par de veces para evitar que las lentejas se adhieran al fondo de la cacerola y añada un poco más de agua si es necesario cocerlas un poco más. Retire la hoja de laurel y la guindilla antes de servir. Adorne el plato con romero.

Para 4 personas

Tallarines de arroz con carne, judías negras y pimientos

300 g de jarrete de ternera
1 diente de ajo majado
3 cucharadas de salsa de ostras
2 cucharaditas de azúcar
2 cucharadas de salsa de soja
5 cucharadas de salsa de judías negras
2 cucharaditas de fécula de maíz (maicena)
$3/4$ cucharadita de aceite de sésamo
1,2 kg de tallarines de arroz planos frescos o 600 g secos
1$1/2$ cucharadas de aceite
2 pimientos rojos cortados en rodajas
1 pimiento verde cortado en rodajas
un puñado de hojas de cilantro

Corte la carne en lonchas finas, en sentido contrario al nervio, y páselas a un bol junto con el ajo, la salsa de ostras, el azúcar, la salsa de soja, la salsa de judías negras, la fécula de maíz y el aceite de sésamo. Mézclelo todo bien, de modo que las lonchas queden bien cubiertas.

Si utiliza tallarines secos, déjelos en remojo en agua hirviendo durante 10 minutos o hasta que queden tiernos y opacos. Si están muy secos, tal vez deba dejarlos en remojo unos minutos más. Escúrralos.

Caliente el aceite en un wok o una sartén y, cuando humee, añada los pimientos. Saltéelos 1 o 2 minutos, hasta que empiecen a reblandecerse, agregue la mezcla de carne y fríala 1 minuto. Añada los tallarines y remuévalo todo bien. Prosiga la cocción hasta que la carne esté bien cocida y la mezcla, caliente. Agregue las hojas de cilantro y remueva un poco antes de apagar el fuego. Sirva enseguida.

Para 4 personas

Tortitas de patata, col y queso con beicon

4 patatas harinosas grandes
  u 8 pequeñas
2 cucharadas de leche
2 cucharadas de mantequilla
480 g de col lombarda blanca cortada
  en tiras finas
120 g de queso Cheddar rallado
1 cucharada de aceite
8 lonchas de beicon sin corteza

Corte las patatas en trozos y cuézalas en agua hirviendo durante 15 minutos o hasta que estén blandas. Escúrralas bien, páselas de nuevo a la cacerola con la leche, y cháfelas hasta obtener un puré homogéneo. Salpimiente.

Derrita la mantequilla en una sartén antiadherente y sofría la col hasta que esté tierna. Añádala al puré de patatas junto con el queso. La mezcla debe ser lo bastante consistente como para preparar tortitas. Déles el tamaño que desee.

Caliente el aceite en la misma sartén a fuego medio y fría el beicon por ambos lados hasta que esté crujiente. Retírelo de la sartén y manténgalo caliente. Pase las tortitas de patata a la sartén y fríalas por ambos lados hasta que queden bien doradas y ligeramente crujientes. Sacuda la sartén de vez en cuando para evitar que se peguen las tortitas. Sírvalas con el beicon.

Para 4 personas

Tortitas de pescado al azafrán con crème fraîche a las hierbas

160 ml de leche
2 pizcas de hebras de azafrán
500 g de filetes de pescado blanco
  (unos 4 filetes medianos)
4 patatas grandes troceadas
2 dientes de ajo con piel
2 cucharadas de harina
2 cucharaditas de ralladura de limón
un puñado de perejil bien picado
2 cucharadas de nata líquida
80 ml de crème fraîche
2 cucharadas de menta bien picada
2 cucharadas de perejil bien picado
1–2 cucharadas de mantequilla

Ponga la leche en una sartén con el azafrán, y caliéntela hasta el punto de ebullición. Añada el pescado, suba un poco el fuego y cuézalo hasta que se vuelva opaco y se desmenuce fácilmente; tal vez deba darle la vuelta a mitad de la cocción (no se preocupe si se rompe). Retire el pescado de la leche, páselo a un bol y desmenúcelo con un tenedor. Reserve la leche.

Cueza las patatas y el diente de ajo en agua hirviendo durante 12 minutos o hasta que las patatas estén tiernas. Escúrralas y devuélvalas al cazo. Pele el ajo y añádalo a las patatas, cháfelos y agregue la leche al azafrán colada. Siga chafando la mezcla hasta que quede homogénea e incorpore el pescado, la harina, 1 cucharadita de ralladura de limón, el perejil y la nata líquida. Salpimiente bien.

Forme ocho tortitas del mismo tamaño con la mezcla. Refrigérelas mientras prepara la crème fraîche a las hierbas mezclando la crème fraîche, la ralladura de limón restante y las hierbas.

Caliente la mantequilla en una sartén antiadherente grande y fría las tortitas de pescado 3 minutos por cada lado; deben socarrarse por fuera. Sírvalas con la crème fraîche.

Para 4 personas

Pollo salteado con jengibre y anacardos

1½ cucharadas de aceite
8 cebolletas troceadas
3 dientes de ajo majados
1 trozo de 8 cm de jengibre fresco
  cortado en tiras muy finas
2 pechugas de pollo sin piel cortadas
  en tiras
2 pimientos rojos cortados en tiras
150 g de tirabeques
100 g de anacardos
2 cucharadas de salsa de soja
1½ cucharaditas de aceite de
  sésamo

Caliente el aceite en un wok hasta que humee; sólo tardará unos segundos. Añada la cebolleta, el ajo y el jengibre y remuévalos unos segundos. A continuación, incorpore el pollo y remueva hasta que adquiera un tono blanco. Agregue el pimiento rojo y siga removiendo. Añada los tirabeques y los anacardos, y saltéelos 1 minuto aproximadamente.

Una vez que los pimientos se hayan reblandecido un poco, vierta la salsa de soja y el aceite de sésamo, remuévalo todo y pase el salteado a la fuente en que vaya a servirlo.

Sírvalo con arroz o fideos chinos y, si lo desea, añada más salsa de soja.

Para 4 personas

Minestrone con pesto

1 cucharada de aceite de oliva
1 cebolla pequeña bien picada
1 diente de ajo bien picado
1 cucharada de perejil bien picado
55 g de panceta cortada en dados
1 tallo de apio cortado por la mitad
  y en rodajas
1 zanahoria cortada en rodajas
1 cucharadita de concentrado de
  tomate
200 g de tomates troceados en
  conserva
1 l de caldo de pollo o de verduras
1 calabacín cortado en rodajas
2 cucharadas de guisantes
6 judías verdes cortadas en trozos
  de 2 cm
un puñado de col lombarda blanca
  cortada en tiras finas
2 cucharadas de ditalini
100 g de judías borlotto en conserva,
  escurridas y enjuagadas
2 cucharadas de salsa pesto fresca

Caliente el aceite en una cacerola y añada la cebolla, el ajo, el perejil y la panceta. Cuézalo todo a fuego muy lento, removiendo la mezcla una o dos veces, durante 10 minutos o hasta que la cebolla esté tierna y dorada. Si el fuego no es demasiado bajo, vigile la cocción y remueva más a menudo.

Agregue el apio y la zanahoria, y cuézalos 5 minutos. Incorpore el concentrado de tomate y el tomate troceado junto con abundante pimienta. Vierta el caldo y llévelo a ebullición a fuego lento. Tape la cacerola y cueza 30 minutos, removiendo una o dos veces durante la cocción.

Rectifique de sal y pimienta la sopa y añada el calabacín, los guisantes, las judías verdes, la col, los ditalini y las judías borlotto. Cuézalo todo unos minutos hasta que la pasta esté *al dente*. Sirva la minestrone en boles con un poco de salsa pesto en el centro.

Para 4 personas

Espaguetis a la puttanesca

400 g de espaguetis
2 cucharadas de aceite de oliva
1 cebolla bien picada
2 dientes de ajo cortados en láminas finas
1 guindilla roja pequeña, sin la parte central ni las semillas y cortada en rodajas
6 filetes de anchoa bien picados
400 g de tomates troceados en conserva
1 cucharada de orégano fresco bien picado
16 aceitunas negras cortadas por la mitad y deshuesadas
2 cucharadas de alcaparras mini
un puñado de hojas de albahaca

Cueza los espaguetis en una olla grande con agua hirviendo y sal hasta que estén *al dente*; remueva una o dos veces para evitar que se peguen. El tiempo de cocción varía en función de la marca de espaguetis. Pruebe la pasta de vez en cuando durante la cocción, ya que el tiempo indicado en el envase suele excederse en 1 o 2 minutos.

Caliente el aceite de oliva en una cacerola y añada la cebolla, el ajo y la guindilla. Sofríalos unos 8 minutos o hasta que la cebolla esté tierna. Agregue las anchoas y fríalas 1 minuto. Añada el tomate, el orégano, las aceitunas y las alcaparras, y lleve a ebullición. Baje el fuego, salpimiente, y deje hervir la salsa a fuego lento durante 3 minutos.

Escurra los espaguetis y añádalos a la salsa. Remueva bien para cubrir la pasta con la salsa. Esparza la albahaca por encima y sirva.

Para 4 personas

Laksa de gambas

1½ cucharadas de aceite
4 cucharadas de pasta de laksa
500 ml de leche de coco
500 ml de caldo de pollo
16 gambas peladas y sin el hilo
  intestinal
250 g de tallarines de arroz
  (4 manojos)
8 tortas de soja, cortadas en 3 trozos
1 trozo de pepino de 10 cm cortado
  en tiras finas
4 puñados de brotes de soja
unas ramitas de menta vietnamita
  u hojas de menta
sambal oelek
cuñas de lima

Caliente el aceite en un wok o una cacerola y añada la pasta de laksa. Según la marca, deberá añadir un poco más o menos cantidad de lo que indica la receta; sólo podrá saber la cantidad exacta probándolo, así que empiece con un poco, prepare el caldo de la sopa y luego añada un poco más si es necesario. Cueza la pasta a fuego medio, removiendo para evitar que se pegue, durante 2 o 3 minutos.

Vierta la leche de coco y el caldo de pollo, lleve la mezcla a ebullición y cueza 5 minutos. Añada las gambas, lleve de nuevo a ebullición, baje el fuego y cueza 3 minutos; las gambas deben quedar rosadas y opacas.

Cueza los tallarines de arroz 3 minutos en agua hirviendo. Escúrralos y repártalos en cuatro boles hondos.

Reparta las tortas de soja, el pepino y los brotes de soja en los boles, y vierta la mezcla de laksa por encima con un cucharón. Adorne la laksa con 1 o 2 ramitas de menta vietnamita y un poco de sambal oelek (úselo con moderación, ya que es muy picante). Sírvala con cuñas de lima para exprimirlas en la sopa.

Para 4 personas

Risotto de espárragos

1 kg de espárragos
1 l de caldo de pollo
4 cucharadas de aceite de oliva
1 cebolla bien picada
360 g de arroz para risotto
85 g de queso parmesano rallado
3 cucharadas de nata espesa

Lave los espárragos y deseche los extremos leñosos. Separe las puntas tiernas de los tallos.

Cueza los tallos de los espárragos en agua hirviendo unos 8 minutos o hasta que estén muy tiernos. Escúrralos e introdúzcalos en una batidora con el caldo de pollo. Triture 1 minuto, pase la mezcla a una cacerola, lleve a ebullición y mantenga un hervor suave.

Cueza las puntas de los espárragos 1 minuto en agua hirviendo, escúrralas y refrésquelas en agua helada.

Caliente el aceite de oliva en una cacerola ancha de fondo pesado. Añada la cebolla y sofríala hasta que esté tierna, pero no dorada. Añada el arroz y baje el fuego al mínimo. Salpimiente y remueva para cubrir bien el arroz. Vierta un cucharón del caldo hirviendo y cueza a fuego moderado, sin dejar de remover. Cuando se haya absorbido el caldo, vierta otro cucharón. Repita la operación durante unos 20 minutos, hasta que haya añadido todo el caldo y el arroz esté *al dente*.

Agregue el queso parmesano y la nata, incorpore con cuidado las puntas de espárrago y salpimiente. Sirva el risotto caliente.

Para 4 personas

Patatas al horno con oruga, habas y queso azul

4 patatas grandes
sal gorda
300 g de habas
80 ml de nata líquida
120 g de queso azul desmenuzado
4 puñados de oruga picada

Precaliente el horno a 200°C. Lave las patatas y, mientras aún estén húmedas, frótelas con un poco de sal gorda. Pínchelas varias veces e introdúzcalas en el horno, directamente sobre la rejilla. Esto permitirá que se hagan de manera uniforme. Hornéelas 1 hora y presiónelas con cuidado: deben estar tiernas. Si todavía están duras, déjelas en el horno al menos 15 minutos más.

Cueza las habas 3 minutos en agua hirviendo y escúrralas bien. Retire la piel gris exterior.

Cuando estén cocidas las patatas, haga una incisión en forma de cruz en cada una y presiónelas por el centro para que se abran un poco.

Vierta la nata en un cazo, añada las habas y cuézalas a fuego lento 1 o 2 minutos. Agregue el queso azul y la oruga. Mézclelo todo bien y, cuando la oruga se haya mustiado, disponga la preparación sobre las patatas. Sazone con pimienta negra.

Para 4 personas

Kedgeree de salmón

1 l de caldo de pescado
400 g de filete de salmón
3 cucharadas de mantequilla
2 cucharadas de aceite
1 cebolla picada
2 cucharaditas de pasta de curry
de Madrás
200 g de arroz de grano largo
2 huevos duros cortados en cuartos
3 cucharadas de hojas de perejil
picadas
3 cucharadas de nata líquida
cuñas de limón para servir

Vierta el caldo en una sartén y llévelo a ebullición. Introduzca el salmón en el caldo, tápelo y baje el fuego. Cuézalo 3 minutos o hasta que el salmón esté firme y opaco. Retírelo de la sartén y desmenúcelo en trozos grandes con las manos.

Derrita la mitad de la mantequilla en una sartén engrasada con el aceite, añada la cebolla y sofríala a fuego lento hasta que esté tierna y translúcida. Incorpore la pasta de curry y luego el arroz, y mezcle hasta que el arroz quede bien cubierto. Vierta el caldo de pescado, remueva y lleve la mezcla a ebullición.

Cueza el arroz tapado a fuego muy lento durante 8 minutos. Añada el salmón y cuézalo, tapado, 5 minutos más, hasta que haya absorbido todo el líquido. Si el arroz queda muy seco y no está cocido, añada un chorro de agua hirviendo y prosiga la cocción 1 o 2 minutos más.

Incorpore la mantequilla restante, los huevos, el perejil y la nata (puede prescindir de la nata si lo desea; el plato no saldrá tan cremoso). Sirva el kedgeree con cuñas de limón para exprimir por encima.

Para 4 personas

Salchichas picantes con harissa y cuscús

2 cucharadas de mantequilla
300 g de cuscús instantáneo
2 cucharaditas de harissa
60 ml de aceite de oliva
2 cucharadas de zumo de limón
1½ cucharadas de ralladura de limón
2 cucharadas de perejil picado
150 g de pimiento rojo asado cortado
  en rodajas
40 g de pasas
12 salchichas merguez
yogur natural espeso para servir

Ponga la mantequilla en una cacerola con 500 ml de agua y llévela a ebullición. Espolvoree el cuscús, mézclelo con el agua y retire la cacerola del fuego. Tápela y deje reposar el cuscús 5 minutos. Caliente una plancha. Remueva la harissa, el aceite de oliva, el zumo y la ralladura de limón hasta mezclarlos bien. Añada el perejil, el pimiento rojo y las pasas, y déjelo marinar todo unos instantes.

Ase las salchichas a la plancha durante 8 minutos, dándoles la vuelta para que se doren por todos los lados.

Mientras tanto, destape el cuscús, remuévalo durante 1 o 2 minutos para separar los granos e incorpore la mezcla de harissa.

Sirva el cuscús con las salchichas troceadas y una cucharada grande de yogur.

Para 4 personas

Risotto de tomate asado

1 l de caldo de pollo o de verduras
una pizca de hebras de azafrán
250 ml de vino blanco seco
2 cucharadas de mantequilla
1 cebolla bien picada
270 g de arroz para risotto
1 cucharada de aceite de oliva
1 diente de ajo majado
400 g de tomates cherry (unos 40)
queso parmesano rallado
4 cucharadas de perejil bien picado

Caliente el caldo en una cacerola hasta que rompa el hervor y déjelo cocer a fuego lento. Introduzca el azafrán en el vino y déjelo en remojo.

Derrita la mantequilla en una sartén grande de fondo pesado y sofría la cebolla a fuego lento hasta que quede tierna, pero no dorada. Añada el arroz, baje el fuego al mínimo y remueva para empapar de mantequilla todos los granos de arroz.

Agregue el vino y el azafrán al arroz, y cuézalo a fuego medio, removiendo al mismo tiempo, hasta que todo el líquido se haya absorbido. Vierta el caldo caliente a cucharones, sin dejar de remover, para que el arroz se cueza uniformemente y suelte parte del almidón.

Mientras se cuece el arroz, caliente el aceite en un cazo, añada el ajo y los tomates, y fríalos 2 o 3 minutos a fuego medio, hasta que se ablanden un poco y revienten. Sazónelos bien.

Cuando haya añadido todo el caldo al arroz, pruébelo para comprobar si está *al dente*. Agregue 4 cucharadas de queso parmesano y el perejil. Disponga los tomates encima y espolvoree un poco más de parmesano. Sirva el risotto de inmediato.

Para 4 personas

Hamburguesas con salsa de maíz fresco

700 g de carne de vacuno picada
1 diente de ajo
1½ cebollas muy bien picadas
2 cucharadas de perejil bien picado
1 cucharada de ketchup
¼ cucharadita de salsa
  Worcestershire
2 mazorcas de maíz
2 tomates bien picados
1 cucharada de salsa de guindilla
  dulce
un puñado de hojas de cilantro
zumo de lima
1 cucharada de aceite
4 bollos
hojas de cogollo de lechuga romana

Caliente una plancha. Introduzca la carne en un bol, junto con el ajo, la mitad de la cebolla, el perejil, el ketchup y la salsa Worcestershire. Salpimiente y mezcle bien. Deje adobar mientras prepara la salsa.

Ase la mazorca de maíz hasta que esté ligeramente ennegrecida y chamuscada por los bordes. Para entonces ya estará cocida. Separe los granos pasando un cuchillo afilado a largo de la mazorca. Mezcle los granos de maíz con el tomate, la salsa de guindilla y la cebolla restante. Añada zumo de lima y salpimiente al gusto.

Forme cuatro hamburguesas con la mezcla de carne, y aplánelas para darles el tamaño de los bollos (tenga en cuenta que se encogen al freírlas).

Caliente el aceite en una sartén y fría las hamburguesas de 3 a 5 minutos por cada lado, según como le guste la carne. Mientras tanto, tueste los bollos. Córtelos por la mitad a lo ancho.

Disponga una o dos hojas de lechuga en la base de cada bollo, añada un poco de salsa y ponga encima la hamburguesa y la parte de arriba del bollo. Sirva la salsa restante aparte.

Para 4 personas

Patatas mini asadas
con salsa de guindilla dulce

600 g de patatas mini
1½ cucharadas de aceite de oliva
2 cucharaditas de hojas de tomillo
2 cucharaditas de sal gorda
80 ml de salsa de guindilla dulce
80 ml de nata agria
2 cebolletas bien picadas

Precaliente el horno a 200°C. Si alguna patata es tan grande que no puede comerse en dos bocados, pártala por la mitad. Póngalas en una fuente para asar con el aceite, el tomillo y la sal, y remueva para que se empapen bien. Áselas de 30 a 40 minutos o hasta que estén bien cocidas.

Mezcle la salsa de guindilla dulce, la nata agria y la cebolleta. Sirva las patatas con la salsa, para mojar.

Para 4 personas

Pollo tandoori con arroz al cardamomo

250 ml de yogur natural, más yogur
  adicional para servir
60 g de salsa tandoori
2 cucharadas de zumo de limón
1 kg de filetes de pechuga de pollo
  cortados en dados de 4 cm
1 cucharada de aceite
1 cebolla picada
300 g de arroz de grano largo
2 vainas de cardamomo machacadas
750 ml de caldo de pollo caliente
400 g de hojas de espinacas

Remoje en agua 8 brochetas de madera y déjelas 30 minutos para evitar que se quemen durante la cocción. Mezcle el yogur, la salsa tandoori y el zumo de limón en una fuente no metálica. Añada el pollo, nápelo bien, tápelo y déjelo en adobo 10 minutos como mínimo.

Mientras tanto, caliente el aceite en una cacerola. Añada la cebolla y sofríala 3 minutos. Agregue el arroz y las vainas de cardamomo. Cueza, removiendo a menudo, de 3 a 5 minutos o hasta que el arroz se vuelva ligeramente opaco. Vierta el caldo caliente y llévelo a ebullición. Baje el fuego al mínimo, tape la cacerola y cueza el arroz, sin destaparlo, durante 15 minutos.

Caliente una plancha o el grill del horno a máxima temperatura. Ensarte los dados de pollo en las brochetas, pero deje libre el cuarto inferior. Áselas por ambos lados durante 5 minutos, o hasta que estén bien cocidas.

Lave las espinacas e introdúzcalas en una cacerola. Cuézalas a fuego medio únicamente con el agua de las hojas, tapadas, durante 1 o 2 minutos o hasta que se mustien. Destape el arroz, remueva con un tenedor y sírvalo con las espinacas, el pollo y el yogur adicional.

Para 4 personas

Berenjenas gratinadas con ricota y tomate

2 berenjenas cortadas en rodajas
80 ml de aceite de oliva
500 g de tomates cherry cortados
   por la mitad
2 dientes de ajo majados
2 cucharaditas de alcaparras
   escurridas
125 g de queso ricota
unas cuantas hojas de albahaca
   pequeñas

Precaliente el grill. Unte las rodajas de berenjena con un poco de aceite. Áselas por ambos lados hasta que estén doradas y dispóngalas en una fuente de horno de paredes bajas.

Caliente el aceite restante en un cazo pequeño. Agregue los tomates cherry y el ajo, y fríalos brevemente hasta que empiecen a reblandecerse. Añada las alcaparras y fríalas 1 minuto. Disponga los tomates sobre la berenjena, sazone bien y reparta la ricota por encima. Ponga de nuevo la fuente bajo el grill hasta que la ricota empiece a burbujear y esparza la albahaca por encima.

Para 4 personas

Jamón dulce braseado con endibias

1½ cucharadas de aceite
2 cucharaditas de mantequilla
4 endibias enteras cortadas en
  rodajas en sentido horizontal
8 lonchas gruesas de jamón dulce
2 cucharaditas de azúcar moreno
180 ml de vino blanco
2 cucharadas de perejil picado

Caliente el aceite en una sartén grande y añada la mantequilla. Cuando chisporrotee, agregue las endibias, con el lado cortado hacia abajo, y fríalas 1 minuto. Aparte las endibias a un lado. Añada las lonchas de jamón y fríalas brevemente por cada lado. Agregue el azúcar y el vino, salpimiente bien y tape la sartén. Cueza unos 3 minutos o hasta que las endibias estén tiernas.

Destape la sartén, suba el fuego y deje cocer la salsa hasta que se espese. Incorpore el perejil.

Para 4 personas

Tostadas con coliflor y queso gratinadas

8 rebanadas gruesas de chapata
1 diente de ajo
800 g de coliflor cortada en ramilletes
120 g de queso Gruyère rallado
120 g de queso Cheddar rallado
1 cucharada de mostaza de Dijon
2 huevos batidos
2 cucharadas de cerveza
4 cucharadas de nata líquida

Precaliente el grill y tueste la chapata. Corte el diente de ajo por la mitad y frote un lado de cada rebanada de chapata.

Lleve un cazo con agua a ebullición y cueza la coliflor unos 5 minutos o hasta que esté tierna al pincharla con un cuchillo. Escúrrala muy bien.

Mezcle los quesos, la mostaza, el huevo, la cerveza y la nata líquida. Disponga las rebanadas en una bandeja de horno y coloque un poco de coliflor sobre cada una. Reparta la mezcla de queso por encima de las tostadas, asegurándose de cubrir toda la coliflor.

Ponga las tostadas bajo el grill y gratínelas hasta que burbujeen y se doren.

Para 4 personas

Cazuela de pollo con aceitunas y tomates

1 cucharada de aceite de oliva
1 cebolla grande picada
2 dientes de ajo majados
8 trozos de pollo con piel
1 cucharada de concentrado de
   tomate
375 ml de vino blanco
una pizca de azúcar
8 tomates grandes maduros picados
4 cucharadas de perejil picado
180 g de judías verdes, sin las puntas
   y partidas por la mitad
130 g de aceitunas

Caliente el aceite en una cazuela refractaria grande y fría la cebolla 1 o 2 minutos. Añada el ajo y el pollo, y fríalos el tiempo necesario para que se dore bien el pollo.

Agregue el concentrado de tomate y el vino blanco, junto con el azúcar, y remueva bien. Añada el tomate y su jugo, el perejil y las judías y llévelo todo a ebullición. Baje el fuego, salpimiente y deje cocer durante 40 minutos.

Incorpore las aceitunas y deje cocer 5 minutos más. La salsa debe quedar espesa y el pollo, completamente cocido. Rectifique de sal y pimienta, si es necesario. Sirva el plato acompañado de patatas, pasta o arroz.

Para 4 personas

Salsicce con judías blancas y gremolata

3 cucharadas de aceite de oliva
12 salsicce o salchichas de cerdo
  gruesas troceadas
6 dientes de ajo majados
240 g de pimiento rojo o amarillo
  asado
800 g de judías cannellino en
  conserva, escurridas y enjuagadas
1 ½ cucharadas de ralladura de limón
6 cucharadas de perejil picado
2 cucharadas de zumo de limón
aceite de oliva virgen extra, para rociar

Caliente el aceite de oliva en una sartén y cueza las salsicce hasta que estén bien hechas y doradas por todos los lados. Retírelas de la sartén con una espumadera y resérvelas.

Ponga 3 dientes de ajo en la sartén y cuézalos a fuego lento hasta que estén muy tiernos. Corte el pimiento en tiras y añádalas a la sartén, junto con las judías y las salsicce. Remueva y cueza a fuego lento 2 minutos para calentar bien las salsicce. Salpimiente bien.

Para preparar la gremolata, chafe los 3 dientes de ajo restantes con un poco de sal en un mortero hasta obtener una textura de pasta. Incorpore la ralladura de limón y el perejil picado, y salpimiente.

Justo antes de servir, vierta la gremolata sobre las judías y, por último, rocíe el plato con zumo de limón y un chorrito de aceite de oliva.

Para 4 personas

Tofu salteado con salsa de ostras

500 g de tofu firme
3–4 cucharadas de aceite
2 dientes de ajo majados
2 cucharaditas de jengibre rallado
2 cucharadas de salsa de ostras
2 cucharadas de salsa de soja
2 cucharaditas de azúcar
8 setas de ostra cortadas en cuartos
2 cebolletas troceadas
2 pak choi mini partidos en cuartos
un puñado grande de hojas de
    cilantro

Corte el tofu en trozos pequeños. Caliente un wok a fuego medio, añada la mitad del aceite y caliéntelo justo hasta que empiece a humear. Saltee la mitad del tofu hasta que se dore bien por todos los lados, removiéndolo con cuidado para evitar que se pegue y se rompa. Retírelo del wok y repita la operación con el aceite y el tofu restantes. Introduzca de nuevo el tofu en el wok.

Añada el ajo, el jengibre, las salsas de ostras y de soja, y el azúcar, y remueva bien. Agregue las setas de ostra, las cebolletas y el pak choi, y cueza a fuego lento hasta que la salsa se reduzca un poco y la cebolleta y el pak choi estén tiernos. Adorne con hojas de cilantro.

Para 4 personas

Ñoquis con cebollino y salsa de queso azul

900 g de patatas harinosas
330 g de harina
2 cucharadas de cebollino picado
4 yemas de huevo
90 g de queso azul
160 ml de nata líquida

Pele las patatas y córtelas en trozos del mismo tamaño. Cuézalas en agua hirviendo a fuego lento durante 20 minutos o hasta que estén tiernas. Escúrralas muy bien y cháfelas en un bol grande. Añada 280 g de harina, el cebollino y las yemas de huevo, salpimiente y mezcle bien. A continuación, agregue suficiente harina para obtener una textura blanda, pero no pegajosa. Divida la mezcla en cuatro partes, déles forma de salchicha de 1 cm de diámetro y córtelas en trozos de unos 1,5 cm de largo. No hace falta que moldee más los ñoquis.

Cueza los ñoquis por tandas en una cacerola grande con agua hirviendo. A medida que suban a la superficie (esto sucede cuando están cocidos del todo), retírelos con una espumadera y escúrralos bien.

Mientras se cuecen los ñoquis, introduzca el queso azul y la nata en un cazo, y caliéntelos a fuego lento. Pase los ñoquis a un bol grande y vierta la salsa de queso azul por encima. Remueva los ñoquis con cuidado para empaparlos de salsa y sírvalos.

Para 4 personas

Pastitsio

2 cucharadas de aceite
4 dientes de ajo majados
2 cebollas picadas
1 kg de carne de vacuno picada
1 kg de tomates pelados en
  conserva, picados
250 ml de vino tinto seco
250 ml de caldo de carne
1 hoja de laurel
1 cucharadita de hierbas aromáticas
  variadas secas
350 g de pasta ziti
3 huevos ligeramente batidos
500 g de yogur griego
200 g de queso kefalotyri rallado
½ cucharadita de nuez moscada
  rallada
60 g de queso Cheddar rallado
lechuga hoja de roble, para servir

Caliente el aceite en una cacerola de fondo pesado y sofría el ajo y la cebolla a fuego medio durante 5 minutos o hasta que la cebolla esté tierna. Añada la carne picada, fríala a fuego vivo hasta que se dore y escurra el aceite sobrante. Añada el tomate, el vino, el caldo, la hoja de laurel y las hierbas, y lleve a ebullición. Baje el fuego y cueza 40 minutos. Salpimiente bien.

Precaliente el horno a 180°C. Mientras tanto, cueza la pasta en una olla con agua hirviendo a borbotones hasta que esté *al dente*. Escúrrala bien y espárzala por el fondo de una fuente refractaria grande. Vierta la mitad del huevo y cubra la pasta con la salsa.

Mezcle el yogur, el huevo restante, el queso kefalotyri y la nuez moscada, y vierta la preparación por encima. Espolvoree el queso Cheddar y hornee 40 minutos o hasta que se dore bien. Déjelo reposar 10 minutos antes de servirlo con la lechuga.

Para 6–8 personas

Ravioli de espinacas y ricota

1 cucharada de aceite de oliva
1 cebolla roja bien picada
1 diente de ajo majado
200 g (unos 6 puñados) de hojas de
  espinacas mini picadas gruesas
250 g de queso ricota
2 yemas de huevo batidas
2 cucharadas de queso parmesano
  rallado
nuez moscada recién rallada
48 láminas de pasta para won ton
2 cucharadas de mantequilla
2 cucharadas de hojas de salvia

Caliente el aceite en una sartén y sofría la cebolla y el ajo a fuego lento unos minutos, hasta que la cebolla quede tierna y translúcida. Añada las espinacas y remueva hasta que se mustien.

Incorpore la mezcla de espinacas a la ricota, junto con la yema de huevo, el queso parmesano, un poco de nuez moscada y otro poco de sal y pimienta.

Humedezca el borde de una lámina de pasta para won ton con un poco de agua y ponga 1 cucharadita de relleno en el centro. Doble la lámina para formar una media luna y presione los bordes con firmeza. Ponga los ravioli sobre un paño, colocado sobre la superficie de trabajo, y repita la operación con las láminas restantes.

Cueza los ravioli unos minutos en una cacerola grande con agua hirviendo. Cuando estén cocidos, flotarán en la superficie. Retírelos con cuidado con una espumadera y escúrralos en un colador. Derrita la mantequilla en un cazo, añada la salvia y déjela chisporrotear unos minutos hasta que la mantequilla se dore ligeramente. Sirva los ravioli en boles y vierta la mantequilla con la salvia por encima.

Para 4 personas

Arroz frito con huevo

4 huevos
1 cebolleta picada
50 g de guisantes frescos o
   congelados (opcional)
3 cucharadas de aceite
740 g de arroz de grano largo cocido

Bata los huevos con una pizca de sal y 1 cucharadita de cebolleta. Cueza los guisantes en un cazo con agua hirviendo a fuego lengo 3 minutos si son frescos o 1 minuto, si son congelados.

Caliente un wok a fuego vivo, añada el aceite y caliéntelo bien. Baje el fuego, vierta el huevo y revuélvalo ligeramente. Agregue el arroz antes de que el huevo esté completamente cuajado. Suba el fuego y remueva para separar los granos de arroz y desmenuzar el huevo. Incorpore los guisantes y la cebolleta restante, y sazone con sal. No deje de remover durante 1 minuto.

Para 4 personas

Nachos gratinados

600 g de nachos de maíz
4 tomates picados
1 cebolla roja bien picada
3 chiles jalapeños cortados en
  rodajas finas
2 cucharadas de zumo de lima
4 cucharadas de hojas de cilantro
  picadas
220 g de queso feta desmenuzado

Precaliente el grill. Disponga los nachos de maíz en cuatro platos refractarios.

Esparza el tomate, la cebolla y el chile sobre los nachos de maíz, rocíelos con el zumo de lima y sazónelos con un poco de sal. Esparza el cilantro y el queso feta por encima, cubriendo bien todos los nachos.

Gratine los nachos hasta que empiecen a dorarse por los bordes y el queso empiece a derretirse. Sírvalos calientes, pero tenga cuidado con los platos: también estarán muy calientes.

Para 4 personas

Sopa de fideos ramen con char siu

300 g (8 nidos) de fideos al huevo
  ramen finos
1 l de caldo de pollo
4 cebolletas en trozos muy pequeños
4 cucharadas de salsa de soja
400 g de char siu (1 trozo de 5 cm
  de largo)
2 pak choi mini picados gruesos
aceite de sésamo, para rociar

Cueza los fideos en una olla con agua hirviendo y sal unos 4 minutos o hasta que estén *al dente,* removiendo una o dos veces para evitar que se peguen. El tiempo de cocción variará según la marca de los fideos.

Lleve el caldo de pollo a ebullición y añada la cebolleta y la salsa de soja. Pruebe el caldo y, si está soso, vierta un poco más de salsa de soja; no añada en exceso ya que el caldo debe tener un sabor bastante suave. Baje el fuego al mínimo. Corte el char siu en tiras o rodajas pequeñas (lo suficiente como para comerlas con palillos).

Escurra los fideos y repártalos en cuatro boles. Añada el pak choi al caldo de pollo, remueva y reparta el caldo y las hortalizas en los boles. Disponga el char siu por encima y rocíe cada bol con un poco de aceite de sésamo; este aceite tiene un sabor muy fuerte, por lo que sólo serán necesarias un par de gotas en cada bol.

Para 4 personas

Pollo picante y dulce

125 ml de vinagre de arroz
160 g de azúcar extrafino
6 dientes de ajo majados
una pizca generosa de copos
   de guindilla
1 cucharadita de cilantro molido
1 cucharadita de pimienta blanca
   molida
2 manojos de cilantro bien picados,
   con raíces y tallos
3 cucharadas de aceite de oliva
2 cucharadas de zumo de limón
8 muslos de pollo deshuesados y
   sin piel cortados por la mitad
2 cucharadas de azúcar extrafino
   adicional
2 cucharadas de salsa de pescado
1 pepino pequeño pelado y cortado
   en rodajas

Introduzca el vinagre y el azúcar en un cazo pequeño, lleve a ebullición, baje el fuego y deje cocer durante 1 minuto. Retire la mezcla del fuego y añada dos dientes de ajo majados, los copos de guindilla y una pizca de sal. Deje enfriar el aliño.

Caliente una sartén pequeña durante 1 minuto, añada el cilantro molido y la pimienta blanca, y remueva 1 minuto; así se intensificará el aroma de las especias. Agregue el resto del ajo, el cilantro fresco y una pizca de sal. Vierta 2 cucharadas de aceite y todo el zumo de limón, y mezcle hasta obtener una consistencia pastosa. Unte los trozos de pollo con esta pasta.

Caliente el aceite restante en un wok y fría el pollo por ambos lados unos 8 minutos o hasta que esté bien cocido. Espolvoréelo con el azúcar adicional y la salsa de pescado, y cuézalo 1 o 2 minutos más, hasta que el líquido se evapore y los trozos de pollo estén pegajosos. Sírvalos con el pepino y un poco de arroz. Alíñelos con la salsa.

Para 4 personas

Pilaf de cordero

1 berenjena grande cortada en
  dados de 1 cm
125 ml de aceite de oliva
1 cebolla grande bien picada
1 cucharadita de canela molida
2 cucharaditas de comino molido
1 cucharadita de cilantro molido
300 g de arroz de grano largo
500 ml de caldo de pollo o de
  verduras
500 g de carne de cordero picada
1/2 cucharadita de pimienta de
  Jamaica
2 cucharadas de aceite de oliva
  adicionales
2 tomates cortados en cuartos
3 cucharadas de pistachos tostados
2 cucharadas de pasas de Corinto
2 cucharadas de hojas de cilantro
  picadas, para adornar

Ponga la berenjena en un colador,
espolvoréela con sal y déjela reposar
1 hora. Enjuáguela y séquela bien.
Caliente 2 cucharadas de aceite en
una sartén grande y honda con tapa,
añada la berenjena y cuézala a fuego
medio de 8 a 10 minutos. Déjela escurrir sobre papel de cocina.

Caliente el aceite restante y sofría la
cebolla 4 o 5 minutos, o hasta que
esté tierna. Añada la mitad de la canela, del comino y del cilantro molido.
Agregue el arroz y remueva para empaparlo, vierta el caldo, salpimiente y
lleve a ebullición. Baje el fuego, tape
la sartén y deje cocer 15 minutos.

Ponga la carne de cordero en un bol
con la pimienta de Jamaica y el resto
de la canela, del comino y del cilantro
molido. Salpimiente y remueva. Forme
albóndigas del tamaño de una nuez
de macadamia. Caliente el aceite y
fría las albóndigas por tandas a fuego
medio durante 5 minutos. Déjelas escurrir sobre papel de cocina.

Añada el tomate a la sartén y fríalo
de 3 a 5 minutos o hasta que se dore.
Retírelo de la sartén. Incorpore al arroz
la berenjena, los pistachos, las pasas
de Corinto y las albóndigas. Sirva el
pilaf con el tomate y el cilantro.

Para 4 personas

Pollo con arroz al azafrán

60 ml de aceite de oliva
4 muslos de pollo y 6 contramuslos
1 cebolla roja grande bien picada
1 pimiento verde grande, dos tercios
cortados en dados y un tercio
cortado en juliana
3 cucharaditas de pimentón dulce
400 g de tomates troceados en
conserva
250 g de arroz de grano largo
½ cucharadita de azafrán en polvo

Caliente 2 cucharadas de aceite en una sartén honda a fuego vivo. Sazone bien los trozos de pollo y dórelos por tandas. Retírelos de la sartén.

Pase a fuego medio y vierta el aceite restante. Añada la cebolla y los dados de pimiento y sofríalos 5 minutos. Incorpore el pimentón y cueza unos 30 segundos. Agregue el tomate y cueza a fuego lento de 1 a 3 minutos, o hasta que la mezcla se espese.

Vierta 875 ml de agua hirviendo en la sartén y añada el arroz y el azafrán. Incorpore de nuevo el pollo y remueva. Salpimiente. Lleve a ebullición, tape la sartén, pase a fuego medio-lento y prosiga la cocción 20 minutos o hasta que todo el líquido se haya absorbido y el pollo esté tierno. Añada el pimiento cortado en juliana y deje reposar el guiso 3 o 4 minutos antes de servirlo.

Para 4 personas

Pasta con setas porcini y nueces

20 g o 2 paquetes pequeños
de setas porcini
400 g de macarrones
2 cucharadas de aceite de oliva
1 cebolla bien picada
2 dientes de ajo majado
24 champiñones botón cortados
en láminas
3 ramitas de tomillo
90 g de nueces
2 cucharadas de nata agria
queso parmesano rallado

Ponga las setas porcini en un bol, cúbralas con agua hirviendo y déjelas en remojo durante media hora. Si absorben toda el agua rápidamente, añada un poco más.

Cueza los macarrones en una olla con agua hirviendo y sal hasta que estén *al dente*; remueva una o dos veces para evitar que se peguen. El tiempo de cocción variará según la marca de la pasta. Pruebe la pasta de vez en cuando durante la cocción, ya que el tiempo indicado en el envase suele excederse en 1 o 2 minutos.

Caliente el aceite en una sartén honda y sofría la cebolla y el ajo hasta que queden translúcidos, pero no dorados. Añada las setas porcini y el líquido del remojo, los champiñones y el tomillo, y prosiga la cocción. Los champiñones soltarán líquido al cocerse; continúe sofriéndolos hasta que lo hayan absorbido de nuevo.

En otra sartén sin aceite, fría las nueces hasta que empiecen a dorarse y desprendan aroma a tostado. Cuando se hayan enfriado un poco, trocéelas y añádalas a la sartén. Agregue la pasta escurrida y la nata agria y salpimiéntela bien. Sírvala con el parmesano.

Para 4 personas

Jambalaya clásica

2 cucharadas de aceite de oliva
1 cebolla roja grande bien picada
1 diente de ajo majado
2 lonchas de tocino de lomo bien
    picadas
300 g de arroz de grano largo
1 pimiento rojo cortado en dados
150 g de jamón dulce en trozos muy
    pequeños
400 g de tomates troceados en
    conserva
400 g de passata de tomate o salsa
    de tomate para pasta
1 cucharadita de salsa Worcestershire
unas gotas de salsa Tabasco
1/2 cucharadita de tomillo seco
30 g de perejil picado
150 g de gambas pequeñas cocidas
    y peladas
4 cebolletas cortadas en rodajas finas

Caliente el aceite en una cacerola grande a fuego medio. Fría la cebolla, el ajo y el tocino, removiendo al mismo tiempo, 5 minutos o hasta que la cebolla esté tierna, pero no dorada. Agregue el arroz y cuézalo 5 minutos más o hasta que se dore ligeramente.

Añada el pimiento, el jamón dulce, los tomates, la passata de tomate, las salsas Worcestershire y Tabasco, y el tomillo y remueva para mezclarlo todo. Lleve la mezcla a ebullición y baje el fuego al mínimo. Tape la cacerola y deje cocer de 30 a 40 minutos o hasta que el arroz esté tierno.

Agregue el perejil y las gambas, y sazone con sal y pimienta negra recién molida. Espolvoree la jambalaya con la cebolleta y sírvala.

Para 4–6 personas

Arroz frito a la tailandesa con albahaca

2 cucharadas de aceite
3 chalotes asiáticos en rodajas
1 diente de ajo bien picado
1 guindilla roja pequeña bien picada
100 g de judías bobi o judías verdes, cortadas en tiras cortas
1 pimiento rojo pequeño en tiras
90 g de champiñones botón cortados por la mitad
470 g de arroz jazmín cocido
20 g de azúcar de palma rallado
3 cucharadas de salsa de soja clara
10 g de albahaca tailandesa fresca cortada en juliana
20 g de hojas de cilantro picadas
copos de chalotes asiáticos rojos fritos, para adornar
hojas de albahaca tailandesa, para adornar

Caliente un wok a fuego vivo, añada el aceite y mueva el wok para extender el aceite por la superficie. Saltee los chalotes, el ajo y la guindilla durante 3 minutos o hasta que los chalotes empiecen a dorarse. Añada las judías, el pimiento y los champiñones, saltéelos 3 minutos o hasta que se cuezan. Incorpore el arroz jazmín cocido y caliéntelo bien.

Disuelva el azúcar de palma en la salsa de soja y viértalo sobre el arroz. Agregue la albahaca y el cilantro. Adorne el arroz con los copos de chalote y las hojas de albahaca.

Para 4 personas

Hortalizas asadas con huevo escalfado y queso camembert

12 cebollitas o chalotes franceses
80 ml de aceite de oliva
2 manojos de espárragos cortados
   en trozos de 4 cm de largo
4 calabacines cortados en rodajas
   gruesas
2 berenjenas cortadas en dados
   grandes
8 dientes de ajo
2 cucharadas de zumo de limón
4 huevos
250 g de queso camembert cortado
   en dados grandes

Precaliente el horno a 200°C. Pele las cebollitas, pero no corte la base de la raíz; deseche las raíces.

Ponga el aceite en una fuente para asar y añada las cebollitas, los espárragos, los calabacines, la berenjena y los ajos, y remueva bien. Sazone con sal y pimienta negra. Introduzca la fuente en el horno y ase las hortalizas 20 minutos. Rocíelas con el zumo de limón y áselas 10 minutos más.

Ponga una sartén grande llena de agua a fuego fuerte y llévela a ebullición. Cuando el agua hierva, baje el fuego para mantener un hervor suave. Casque un huevo en una taza e introdúzcalo en el agua: al entrar en contacto con el agua, el huevo debe volverse opaco. Repita la operación con los huevos restantes, manteniéndolos separados. Baje el fuego al mínimo y deje hervir 3 minutos.

Reparta las hortalizas entre cuatro platos refractarios. Disponga el queso camembert por encima. Introduzca los platos en el horno durante unos minutos para que el queso empiece a derretirse.

Disponga un huevo escalfado en cada plato y sazone con pimienta negra.

Para 4 personas

Linguine a la guindilla con pollo a la chermoula

600 g de filetes de pechuga de pollo
500 g de linguine a la guindilla

Chermoula
100 g de hojas de cilantro picadas
60 g de hojas de perejil picadas
4 dientes de ajo majados
2 cucharaditas de comino molido
2 cucharaditas de pimentón molido
125 ml de zumo de limón
2 cucharaditas de ralladura de limón
100 ml de aceite de oliva

Caliente una sartén antiadherente grande a fuego medio. Añada las pechugas de pollo y fríalas hasta que estén tiernas. Retírelas de la sartén y déjelas reposar 5 minutos antes de cortarlas en lonchas finas.

Cueza la pasta en una olla grande con agua con sal hirviendo a borbotones hasta que esté *al dente* y escúrrala.

Mientras tanto, mezcle los ingredientes de la chermoula en un bol de vidrio y añada las lonchas de pollo. Déjela reposar hasta que la pasta termine de cocerse. Sirva los linguine cubiertos con el pollo a la chermoula.

Para 4 personas

Pollo al curry verde

250 ml de crema de coco
4 cucharadas de pasta de curry verde
8 muslos de pollo sin piel o 4 pechugas de pollo, cortados en trozos
250 ml de leche de coco
4 berenjenas tailandesas o ½ berenjena morada, troceadas
2 cucharadas de virutas de azúcar
de palma o azúcar moreno
2 cucharadas de salsa de pescado
4 hojas de makrut (lima cafre) partidas
toscamente
un puñado de hojas de albahaca
tailandesa
1–2 guindillas rojas grandes cortadas
en rodajas
leche o crema de coco, para rociar

Ponga un wok a fuego lento, añada
la crema de coco y llévela a ebullición.
Remuévala hasta que el aceite se
separe. No deje que se queme.

Añada la pasta de curry verde, remueva 1 minuto y agregue el pollo. Cuézalo hasta que se vuelva opaco e incorpore la leche de coco y la berenjena.
Prosiga la cocción 1 o 2 minutos, o
hasta que la berenjena esté tierna.
Añada el azúcar, las hojas de lima y
la mitad de la albahaca, y mezcle bien.

Adorne con la albahaca restante, la
guindilla y un chorrito de leche o
crema de coco. Sirva con arroz.

Para 4 personas

Sopa con albóndigas y judías blancas

600 g de carne de vacuno picada
2 dientes de ajo majados
1 cucharada de perejil bien picado
una pizca generosa de canela molida
una pizca generosa de nuez moscada
 recién rallada
2 huevos ligeramente batidos
1,5 l de caldo de carne de vacuno
2 zanahorias cortadas en rodajas
 finas
800 g de judías blancas en conserva
 escurridas
½ col lombarda blanca cortada
 en tiras finas
queso parmesano rallado

Ponga la carne en un bol junto con el ajo, el perejil, la canela, la nuez moscada y la mitad del huevo. Mézclelo todo bien y salpiméntelo. Si la mezcla queda seca, añada el resto del huevo; debe adquirir una consistencia adecuada para formar albóndigas pequeñas.

Forme albóndigas con la mezcla de carne picada; deben ser lo bastante pequeñas como para que quepan en una cuchara y se puedan comer de un bocado. A medida que las prepara, páselas a una fuente.

Vierta el caldo de carne en una cacerola junto con la zanahoria y llévelo a ebullición. Añada las albóndigas, de una en una, y baje el fuego al mínimo. Pruebe una albóndiga al cabo de 3 minutos. Si no está cocida, déjelas un poco más. Agregue las judías y la col, y cueza 4 o 5 minutos. Salpimiente el caldo al gusto.

Sirva la sopa espolvoreada con abundante queso parmesano y acompañada de pan para mojar.

Para 4 personas

Cerdo agridulce

600 g de lomo de cerdo cortado
en dados grandes
2 huevos
6 cucharadas de fécula de maíz
(maicena)
1 cucharada de aceite
1 cebolla cortada en dados grandes
1 pimiento rojo cortado en dados
grandes
2 cebolletas troceadas
250 ml de vinagre de arroz claro
o vinagre blanco
80 ml de ketchup
220 g de azúcar
2 cucharadas de aceite adicionales

Ponga la carne y el huevo en un bol
con 4 cucharadas de fécula de maíz.
Remuévalo todo para napar bien la
carne, pásela a un colador y sacuda
el exceso de fécula de maíz.

Caliente un wok a fuego vivo, vierta
1 cucharada de aceite y caliéntelo
hasta que empiece a humear. Añada
la cebolla y sofríala 1 minuto. Agregue
el pimiento rojo y la cebolleta, y sofría
1 minuto más. Incorpore el vinagre de
arroz, el ketchup y el azúcar, baje el
fuego y remueva hasta que el azúcar
se disuelva. Lleve a ebullición y deje
cocer a fuego lento unos 3 minutos.

Mezcle 2 cucharadas de fécula de
maíz con 2 cucharadas de agua,
añádalo a la salsa agridulce y cuézala
1 minuto, hasta que se espese un
poco. Pásela a un bol.

Caliente la mitad del aceite restante
en una sartén antiadherente a fuego
medio. Cuando el aceite esté caliente,
añada la mitad de la carne y fríala
hasta que quede dorada y crujiente.
Retírela de la sartén. Repita la operación con el aceite y la carne restantes.
Incorpore toda la carne a la sartén
de nuevo y agregue la salsa. Vuelva
a calentarlo todo hasta que la salsa
empiece a hervir.

Para 4 personas

Nasi goreng

2 huevos
80 ml de aceite
3 dientes de ajo bien picados
1 cebolla bien picada
2 guindillas rojas sin semillas y
    muy bien picadas
1 cucharadita de pasta de gambas
1 cucharadita de semillas de cilantro
½ cucharadita de azúcar
400 g de gambas crudas peladas
    y sin el hilo intestinal
200 g de jarrete de ternera cortado
    en rodajas finas
200 g de arroz de grano largo
    cocido, frío
2 cucharaditas de kecap manis
1 cucharada de salsa de soja
4 cebolletas bien picadas
½ lechuga cortada en juliana fina
1 pepino cortado en rodajas finas
3 cucharadas de cebolla frita crujiente

Bata los huevos con ¼ cucharadita
de sal. Caliente una sartén y úntela con
un poco de aceite. Vierta un cuarto
de la mezcla en la sartén y cuézala a
fuego medio 1 o 2 minutos, o hasta
que la tortilla se cuaje. Déle la vuelta y
cuézala unos 30 segundos por el otro
lado. Retírela de la sartén y repita la
operación con la mezcla restante.
Cuando las tortillas estén frías, enróllelas, córtelas en tiras finas y resérvelas.

Triture el ajo, la cebolla, la guindilla, la
pasta de gambas, el cilantro y el azúcar en un robot de cocina hasta que
se forme una pasta.

Caliente 1 o 2 cucharadas de aceite en
un wok; añada la pasta y fríala a fuego
vivo 1 minuto. Agregue las gambas
y la carne, y saltéelas 2 o 3 minutos.

Incorpore al wok el aceite restante y
el arroz frío. Saltéelo hasta que esté
bien caliente. Añada el kecap manis,
la salsa de soja y la cebolleta, y saltee
durante 1 minuto más.

Disponga la lechuga por todo el borde de una fuente grande. Ponga el
arroz en el centro y adórnelo con la
tortilla, las rodajas de pepino y la cebolla frita. Sirva de inmediato.

Para 4 personas

Linguine con tomates cherry asados

400 g de linguine
500 g de tomates cherry rojos
500 g de tomates cherry amarillos
2 cucharadas de aceite de oliva
2 dientes de ajo majados
4 cebolletas cortadas en rodajas
1 manojo de cebollino bien picado
100 g de aceitunas negras (unas 20)
aceite de oliva virgen extra, para
   rociar

Cueza los linguine en una olla grande con agua hirviendo y sal hasta que estén *al dente*; remueva una o dos veces para evitar que se peguen. El tiempo de cocción variará según la marca de los linguine. Pruebe la pasta de vez en cuando durante la cocción, ya que el tiempo indicado en las instrucciones del envase suele excederse en 1 o 2 minutos.

Corte todos los tomates cherry por la mitad. Caliente el aceite en una cacerola, añada el ajo y la cebolleta, y déjelos chisporrotear un poco. Agregue los tomates cherry y cuézalos a fuego fuerte hasta que empiecen a deshacerse y a soltar su jugo. Incorpore el cebollino y las aceitunas, salpimiente y remueva.

Escurra los linguine y páselos a un bol grande o a boles individuales. Cúbralos con la mezcla de tomates cherry y un poco de pimienta negra recién molida. Si lo desea, rocíelos con un poco más de aceite de oliva.

Para 4 personas

Chile

165 g de judías negras o fríjoles
3 cucharadas de aceite
1 cebolla roja bien picada
2 dientes de ajo majados
1½ manojos de cilantro bien picados
2 guindillas sin semillas y bien picadas
1,2 kg de bistec de pobre cortado
en dados
600 g de tomates troceados en
conserva
1½ cucharadas de concentrado
de tomate
375 ml de caldo de carne
1½ pimientos rojos cortados
en cuadrados
1 tomate grande maduro picado
1 aguacate cortado en dados
el zumo de 2 limas
4 cucharadas de nata agria

Ponga las judías en una cacerola, cúbralas con agua, llévelas a ebullición, baje el fuego y cuézalas 10 minutos. Apague el fuego y déjelas en remojo 2 horas. Escúrralas y enjuáguelas bien.

Caliente la mitad del aceite en una cazuela refractaria grande. Fría tres cuartas partes de la cebolla, el ajo, la mitad del cilantro y la guindilla 5 minutos.

Retire la cebolla de la cazuela y resérvela. Caliente la mitad del aceite restante y fría la mitad de la carne hasta que quede bien dorada. Repita la operación con el aceite y la carne restantes. Pase de nuevo la cebolla y la carne a la cazuela. Añada las judías, el tomate, el concentrado de tomate y remueva bien. Lleve a ebullición y baje el fuego al mínimo. Tape la cazuela y deje cocer durante 1 hora y 20 minutos. Agregue el pimiento rojo, remueva y prosiga la cocción 40 minutos más.

Para preparar la salsa, mezcle la mitad del cilantro restante, el tomate picado, el aguacate y la cebolla. Salpimiente y añada la mitad del zumo de lima.

Cuando la carne esté tierna, añada el resto del cilantro y el zumo de lima, y salpimiente bien. Sirva el chile con la salsa y una cucharada de nata agria.

Para 4 personas

Cordero al curry

1 kg de pierna o paletilla de cordero,
cortada en dados grandes
80 ml de yogur natural espeso
2 cebollas picadas
2 guindillas verdes picadas gruesas
2 dientes de ajo majados
1 trozo de 2 cm de jengibre, rallado
50 g de anacardos
4 cucharadas de pasta de curry
korma
2 cucharadas de aceite

Pase la carne a un bol con la mitad del yogur y mezcle hasta que esté bien napada.

Ponga en un robot de cocina la cebolla, la guindilla, el ajo, el jengibre, los anacardos y la pasta de curry, añada 80 ml de agua y tritúrelo todo hasta obtener una pasta homogénea. Si no dispone de un robot de cocina, píquelo todo bien antes de añadir el agua.

Caliente el aceite en una cazuela a fuego medio. Añada la mezcla triturada, sazone con sal y cueza a fuego lento durante 1 minuto o hasta que el líquido se evapore y la salsa se espese. Añada el cordero y llévelo todo lentamente a ebullición. Tape bien la cazuela y deje cocer 1 hora y 15 minutos. Agregue el resto del yogur y prosiga la cocción 30 minutos más o hasta que la carne esté muy tierna. Remueva la carne de vez en cuando para evitar que se adhiera a la cazuela. La salsa debe quedar bastante espesa. Sirva el cordero al curry con arroz.

Para 4 personas

Pollo a la plancha con cuscús y pimiento

200 g de cuscús instantáneo
1 cucharada de aceite de oliva
1 cebolla bien picada
2 calabacines cortados en rodajas
1/2 pimiento rojo o amarillo asado,
   troceado
12 tomates semisecos picados
1/2 cucharada de ralladura de naranja
250 ml de zumo de naranja
un puñado grande de menta picado
8 muslos o 4 pechugas de pollo,
   con piel
2 cucharadas de mantequilla
   reblandecida

Precaliente el grill. Lleve 500 ml de agua a ebullición en una cacerola, vierta el cuscús, retire la cacerola del fuego y deje reposar el cuscús durante 10 minutos.

Caliente el aceite en una sartén y fría la cebolla y el calabacín hasta que se doren ligeramente. Añada el pimiento y los tomates semisecados, e incorpore el cuscús. Agregue la ralladura de naranja, un tercio del zumo de naranja y la menta.

Disponga el pollo en una fuente de horno grande de paredes bajas, en una sola capa, y úntelo con la mantequilla. Rocíelo con el zumo de naranja restante y salpimiéntelo bien. Ase el pollo de 8 a 10 minutos; déle la vuelta a media cocción. La piel debe quedar dorada y crujiente.

Sirva el pollo sobre el cuscús. Rocíelo con los jugos de la cocción.

Para 4 personas

Pastel de carne picada y puré de patatas

1 cucharada de aceite
1 cebolla bien picada
1 zanahoria bien picada
1 kg de carne de cordero picada,
cruda o cocida
harina, para espesar
2 cucharadas de ketchup
2 pastillas de caldo de carne
de vacuno
salsa Worcestershire
6 patatas troceadas
80 ml de leche
mantequilla

Precaliente el horno a 200°C. Caliente el aceite en una sartén, añada la cebolla y la zanahoria, y fríalas hasta que empiecen a dorarse por los bordes. Añada la carne y fríala, removiéndola de vez en cuando y deshaciendo los grumos con el dorso de un tenedor.

Cuando la carne esté bien dorada, añada un poco de harina, 1 cucharadita aproximadamente, y remueva. Agregue el ketchup y espolvoree la pastilla de caldo. A continuación, vierta unos 500 ml de agua y mezcle bien. Lleve la mezcla a ebullición, baje el fuego y deje cocer unos 30 minutos o hasta que se espese. Salpimiente y vierta la salsa Worcestershire.

Mientras se fríe la carne, cueza los trozos de patata con agua a fuego lento hasta que estén tiernos (tardarán unos 12 minutos). Una vez blandos, escúrralos, cháfelos y mézclelos con la leche y abundante sal y pimienta. Pase la carne a una fuente refractaria grande o cuatro cazoletas individuales y disponga el puré de patata por encima. Esparza un poco de mantequilla sobre el puré y hornéelo unos 20 minutos; pasado ese tiempo, la patata debería estar ligeramente dorada. Sirva el pastel con guisantes.

Para 4 personas

Gambas al curry al estilo de Goan

1 cucharada de aceite
2 cucharadas de pasta de curry
1 cebolla bien picada
2 tomates picados
3 dientes de ajo picados
2 guindillas verdes bien picadas
1 trozo de 2 cm de jengibre, rallado
2 cucharadas de puré de tamarindo
80 ml de crema de coco
500 g de gambas (unas 20) peladas
    y sin el hilo intestinal

Caliente el aceite en una sartén honda y fría la pasta de curry aproximadamente 1 minuto, hasta que empiece a desprender su aroma. Añada la cebolla y fríala hasta que esté dorada. Agregue el tomate, el ajo, la guindilla verde y el jengibre, y prosiga la cocción a fuego lento, removiendo de vez en cuando, unos 10 minutos o hasta que el aceite se separe de la salsa.

Añada el tamarindo y llévelo todo a ebullición. Vierta la crema de coco y remueva. Sazone con sal.

Incorpore las gambas y llévelo todo lentamente a ebullición. (Esta salsa no es muy líquida, pero debe prepararse a temperatura alta para poder cocer las gambas.) Cueza las gambas de 3 a 5 minutos o hasta que adquieran un tono rosado vivo. Sírvalas con arroz o panes indios.

Para 4 personas

Pulao con cebolla frita y pollo especiado

1 l de caldo de pollo
4 cucharadas de aceite
6 vainas de cardamomo
1 trozo de rama de canela
  de 2 x 5 cm
3 clavos de especia
8 granos de pimienta negra
270 g de arroz basmati
2 puñados de hojas de cilantro
1 cebolla grande cortada en
  rodajas finas
2 cucharaditas de pasta de curry
  (de cualquier tipo)
1 cucharada de concentrado
  de tomate
2 cucharadas de yogur
400 g de filetes de pechuga de pollo
  (unos 2) sin piel y cortados en tiras
yogur natural espeso, para servir
chutney de mango, para servir

Caliente el caldo de pollo en un cazo pequeño hasta que rompa a hervir. Caliente 1 cucharada de aceite a fuego medio en una cacerola grande de fondo pesado. Añada las vainas de cardamomo, la rama de canela, los clavos y la pimienta, y fríalo todo 1 minuto. Baje el fuego al mínimo, agregue el arroz y no deje de remover durante 1 minuto. Vierta el caldo caliente y un poco de sal y llévelo todo a ebullición a fuego vivo. Tape la cacerola y cueza el arroz a fuego lento 15 minutos. Déjelo reposar 10 minutos e incorpore el cilantro.

Caliente 2 cucharadas de aceite en una sartén y sofría la cebolla hasta que esté muy tierna. Suba el fuego y fríala hasta que adquiera un tono dorado oscuro. Déjela escurrir sobre papel de cocina y añádala al arroz.

Mezcle la pasta de curry, el concentrado de tomate y el yogur, y nape las tiras de pollo con la pasta resultante.

Caliente el aceite restante en una sartén. Fría el pollo unos 4 minutos a fuego fuerte, por tandas, hasta que tome un color muy oscuro.

Sirva el arroz con las tiras de pollo, el yogur y el chutney de mango.

Para 4 personas

Pollo asado con queso a las hierbas

150 g de queso crema a las hierbas
1 cucharadita de ralladura de limón
4 cuartos de muslo de pollo
  o pechugas, con piel
2 puerros cortados en rodajas gruesas
2 chirivías troceadas
2 cucharaditas de aceite de oliva

Precaliente el horno a 200°C. Mezcle el queso con la ralladura de limón. Separe la piel de los cuartos de muslo o las pechugas de pollo y unte 2 cucharadas de queso entre la piel y la carne de cada trozo. Presione de nuevo la piel y salpimiente el pollo.

Cueza el puerro y la chirivía en un cazo con agua hirviendo durante 4 minutos. Escúrralos bien y póngalos en una fuente de horno en una sola capa. Rocíelos con el aceite y salpimiéntelos bien. Disponga el pollo encima e introduzca la fuente en el horno.

Ase el pollo durante 40 minutos: la piel debe quedar dorada y el queso, prácticamente fundido, formando una salsa sobre las hortalizas. Compruebe que las hortalizas estén cocidas y tiernas pinchándolas con un cuchillo. Si necesitan un poco más de tiempo, cubra la fuente con papel de aluminio y prosiga la cocción 5 minutos más. Mientras tanto, mantenga el pollo caliente, cubierto con papel de aluminio.

Para 4 personas

Farfalle con gambas y crema de rábano picante al limón

400 g de farfalle
1 cucharada de aceite de oliva
2 chalotes franceses cortados
  en láminas
800 g de gambas grandes (unas 32)
  peladas y sin el hilo intestinal
2 cucharadas de zumo de limón
6 cucharadas de nata líquida
2 cucharaditas de ralladura de limón
2 cucharadas de crema de rábano
  picante
2 cucharadas de hojas de perifollo

Cueza los farfalle en una olla con agua hirviendo y sal hasta que estén *al dente*; remueva una o dos veces para evitar que se peguen. El tiempo de cocción variará según la marca de la pasta. Pruebe la pasta de vez en cuando durante la cocción, ya que el tiempo indicado en las instrucciones del envase suele excederse en 1 o 2 minutos.

Caliente el aceite en una sartén, sofría los chalotes 1 minuto y añada las gambas. Fríalas a fuego vivo 2 o 3 minutos, o hasta que queden rosadas y bien cocidas. Vierta el zumo de limón y remueva bien. Apague el fuego y deje reposar la mezcla en la sartén.

Vierta la nata en un bol de vidrio y bátala hasta que empiece a espesarse. No deje que se espese demasiado, ya que la acidez de la ralladura de limón y de las gambas al limón la espesará aún más. Añada la ralladura de limón, la crema de rábano picante y el perifollo.

Escurra los farfalle y páselos a un bol grande. Añada las gambas con el zumo de limón y la mezcla de nata. Mézclelo todo bien y salpimiente.

Para 4 personas

Espaguetis a la boloñesa

2 cucharadas de aceite de oliva
2 dientes de ajo majados
1 cebolla grande picada
1 zanahoria bien picada
1 tallo de apio bien picado
500 g de carne magra de vacuno
    picada
500 ml de caldo de carne
375 ml de vino tinto
850 g de tomates troceados en
    conserva
1 cucharadita de azúcar
3 cucharadas de perejil bien picado
500 g de espaguetis
queso parmesano rallado, para servir

Caliente un poco de aceite de oliva en una sartén grande y honda. Añada el ajo, la cebolla, la zanahoria y el apio, y sofríalos 5 minutos, hasta que empiecen a estar tiernos.

Suba el fuego antes de añadir la carne. Remuévala con una cuchara de madera para deshacer los trozos más grandes. Una vez la carne esté bien dorada, añada el caldo, el vino, los tomates, el azúcar y el perejil. Lleve a ebullición, baje el fuego y deje cocer durante 1½ horas aproximadamente, removiendo de vez en cuando. Sazone con sal y pimienta negra recién molida.

Un poco antes de servir, cueza los espaguetis en una olla con agua hirviendo y sal hasta que estén *al dente*. Escúrralos y sírvalos con la salsa de carne y el queso parmesano.

Para 4–6 personas

Espaguetis con berenjena picante

300 g de espaguetis
125 ml de aceite de oliva virgen extra
2 guindillas rojas cortadas en láminas finas
1 cebolla bien picada
3 dientes de ajo majados
4 lonchas de beicon troceadas
400 g de berenjena cortada en dados pequeños
2 cucharadas de vinagre balsámico
2 tomates picados
3 cucharadas de albahaca cortada en juliana

Cueza la pasta en una olla con agua hirviendo a borbotones hasta que esté *al dente* y escúrrala.

Caliente 1 cucharada de aceite en una sartén grande y honda y fría la guindilla, la cebolla, el ajo y el beicon a fuego medio durante 5 minutos o hasta que la cebolla y el beicon se doren. Retírelos de la sartén y resérvelos.

Añada el aceite restante y fría la mitad de la berenjena a fuego fuerte, removiendo para que se dore de manera uniforme. Retírela y repita la operación con el aceite y la berenjena restantes. Incorpore de nuevo la mezcla de beicon y toda la berenjena a la sartén, añada el vinagre, el tomate y la albahaca y caliéntelo todo bien. Salpimiente.

Sirva los espaguetis cubiertos con la mezcla de berenjena.

Para 4 personas

Fríjoles rojos con arroz

210 g de fríjoles rojos
2 cucharadas de aceite
1 cebolla bien picada
1 pimiento verde picado
3 tallos de apio bien picados
2 dientes de ajo majados
225 g de andouille u otras salchichas
   picantes, cortadas en trozos
2 codillos de jamón
2 hojas de laurel
200 g de arroz de grano largo
5 cebolletas cortadas en rodajas
   finas, para adornar

Deje los fríjoles en remojo con agua fría toda la noche. Escúrralos, póngalos en una cacerola y cúbralos con agua fría. Llévelos a ebullición, baje el fuego y cueza a fuego lento.

Caliente el aceite en una sartén y saltee la cebolla, el pimiento, el apio y el ajo hasta que estén tiernos. Añada las salchichas y fríalas hasta que empiecen a dorarse por los bordes.

Agregue las hortalizas y las salchichas a los fríjoles, junto con los codillos y las hojas de laurel. Lleve a ebullición, baje el fuego y deje cocer de 2½ a 3 horas, añadiendo más agua si es necesario; los fríjoles deben formar una salsa espesa. Cuando los fríjoles estén casi listos, cueza el arroz en otra cacerola.

Sirva el arroz cocido cubierto con los fríjoles. Desmenuce un poco de carne de los codillos y añádala a cada plato. Adorne con las rodajas de cebolleta.

Para 4 personas

Espaguetis con albóndigas

500 g de espaguetis
queso parmesano rallado, opcional

Albóndigas
500 g de carne de vacuno picada
40 g de pan recién rallado
1 cebolla bien picada
2 dientes de ajo majados
2 cucharaditas de salsa
   Worcestershire
1 cucharadita de orégano seco
30 g de harina
2 cucharadas de aceite de oliva

Salsa
800 g de tomates troceados en
   conserva
1 cucharada de aceite de oliva
1 cebolla bien picada
2 dientes de ajo majados
2 cucharadas de concentrado
   de tomate
125 ml de caldo de carne de vacuno
2 cucharaditas de azúcar

Mezcle la carne picada, el pan rallado, la cebolla, el ajo, el orégano y la salsa Worcestershire en un bol y salpimiente al gusto. Mezcle bien todos los ingredientes con las manos. Forme albóndigas con cucharadas rasas de la mezcla, espolvoréelas ligeramente con harina y sacuda el exceso. Caliente el aceite en una sartén honda y fría las albóndigas por tandas, dándoles la vuelta con frecuencia, hasta que se doren por toda la superficie. Escúrralas.

Para preparar la salsa, triture los tomates en un robot de cocina o una batidora. Caliente el aceite en una sartén limpia y sofría la cebolla a fuego medio unos minutos, hasta que esté tierna y ligeramente dorada. Agregue el ajo y fría 1 minuto más. Añada los tomates troceados, el concentrado de tomate, el caldo y el azúcar, y mezcle. Lleve la mezcla a ebullición e incorpore las albóndigas. Baje el fuego y cueza 15 minutos; déle la vuelta a las albóndigas una vez. Salpimiéntelas.

Mientras tanto, cueza los espaguetis en una olla con agua hirviendo hasta que estén *al dente*. Escúrralos, repártalos entre los platos y cúbralos con las albóndigas y la salsa. Sírvalos con parmesano rallado, si lo desea.

Para 4 personas

Carne de vacuno a la Stroganoff

500 g de jarrete de carne de vacuno
2 cucharadas de harina
2 cucharadas de aceite de oliva
1 cebolla bien picada
1 diente de ajo majado
400 g de champiñones botón
  cortados en láminas
1 cucharada de concentrado
  de tomate
300 g de nata agria
perejil bien picado, para servir

Retire el exceso de grasa de la carne y córtela en lonchas finas en sentido contrario al nervio. Ponga la harina en una bolsa de plástico y sazónela con abundante sal y pimienta negra machacada. Añada la carne y sacuda la bolsa para enharinarla. Retire la harina sobrante.

Caliente 1 cucharada de aceite en una sartén grande de fondo pesado a fuego vivo. Agregue la carne y fríala por tandas hasta que esté bien dorada. Retírela de la sartén y resérvela.

Caliente el aceite restante y sofría la cebolla 2 o 3 minutos, o hasta que esté tierna y translúcida. Añada el ajo y remueva brevemente. Agregue los champiñones y cuézalos unos 3 minutos o hasta que estén blandos. Incorpore el concentrado de tomate y la nata agria, y luego las lonchas de carne. Remueva hasta que esté todo bien mezclado y caliente. Espolvoréelo con perejil picado antes de servirlo con arroz.

Para 4 personas

Pastelitos de cubera

2 cucharadas de aceite de oliva
4 cebollas cortadas en rodajas finas
375 ml de caldo de pescado
875 ml de nata líquida
1 kg de filetes de cubera sin piel
  cortados en trozos grandes
2 láminas de pasta de hojaldre,
  descongeladas
1 huevo ligeramente batido

Precaliente el horno a 220°C. Caliente el aceite en una sartén honda y sofría las cebollas a fuego medio durante 20 minutos o hasta que estén ligeramente caramelizadas. Vierta el caldo de pescado, lleve a ebullición y cueza 10 minutos o hasta que el líquido se haya evaporado casi totalmente. Añada la nata y llévela a ebullición. Baje el fuego y cueza 20 minutos o hasta que la salsa se reduzca a la mitad.

Reparta la mitad de la salsa entre cuatro moldes de 500 ml de capacidad. Ponga unos trozos de pescado en cada uno y cúbralos con la salsa restante. Corte las láminas de hojaldre en trozos algo más grandes que la parte superior de los moldes. Pinte los bordes de la pasta con un poco de huevo, presiónela contra los moldes y pinte la superficie con más huevo. Hornee los pastelitos 30 minutos o hasta que suban.

Para 4 personas

Ossobuco con gremolata

2 cucharadas de aceite de oliva
1 cebolla bien picada
1 diente de ajo majado
1 kg de ossobuco de ternera
2 cucharadas de harina
400 g de tomates en conserva
   troceados
250 ml de vino blanco
250 ml de caldo de pollo

Gremolata
2 cucharadas de perejil bien picado
2 cucharaditas de ralladura de limón
1 cucharadita de ajo bien picado

Caliente 1 cucharada de aceite en una cazuela refractaria grande de paredes bajas. Añada la cebolla y sofríala a fuego lento hasta que esté tierna y dorada. Agregue el ajo, fríalo 1 minuto y retírelos de la cazuela.

Caliente el aceite restante, dore la carne por tandas y retírela. Introduzca de nuevo la cebolla en la cazuela y añada la harina. Cueza 30 segundos y retire la cazuela del fuego. Incorpore poco a poco los tomates, el vino y el caldo, mezclándolos bien con la harina. Agregue de nuevo la carne a la cazuela.

Ponga de nuevo la cazuela en el fuego y lleve a ebullición, sin dejar de remover. Tápela y baje el fuego al mínimo. Cueza durante 2½ horas o hasta que la carne esté muy tierna y se separe prácticamente de los huesos.

Para preparar la gremolata, mezcle el perejil, la ralladura de limón y el ajo en un bol. Cuando el ossobuco esté listo, esparza la gremolata por encima y sírvalo con risotto o arroz blanco.

Para 4 personas

Nota: Para obtener un mejor sabor, prepare el plato de un día para otro.

Sopa asiática de fideos y pollo

3 setas chinas secas
185 g de fideos finos al huevo secos
1 cucharada de aceite
4 cebolletas cortadas en juliana
1 cucharada de salsa de soja
2 cucharadas de vino de arroz, mirin
   o jerez
1,25 l de caldo de pollo
½ pollo pequeño a la barbacoa,
   desmenuzado
50 g de lonchas de jamón dulce
   cortadas en tiras
90 g de brotes de soja
hojas de cilantro y guindilla roja cortada en rodajas finas, para adornar

Deje las setas en remojo con agua hirviendo durante 10 minutos para reblandecerlas. Escúrralas, retire el pie y córtelas en láminas finas.

Cueza los fideos en una olla con agua hirviendo durante 3 minutos o el tiempo que se indique en el envase. Escúrralos y córtelos en trozos pequeños con unas tijeras.

Caliente el aceite en una cacerola grande de fondo pesado. Añada las setas y la cebolleta. Fríalas 1 minuto y vierta la salsa de soja, el vino de arroz y el caldo. Lleve lentamente a ebullición y cueza 1 minuto. Baje el fuego y agregue los fideos, el pollo desmenuzado, el jamón dulce y los brotes de soja. Caliéntelo todo 2 minutos, sin dejar que hierva.

Con unas pinzas, reparta los fideos en cuatro boles, vierta la mezcla restante y adorne la sopa con las hojas de cilantro y las rodajas de guindilla.

Para 4 personas

Salsa pesto a la genovesa

500 g de trenette
175 g de judías verdes sin las puntas
175 g de patatas pequeñas, cortadas
en rodajas muy finas

Pesto
2 dientes de ajo
50 g de piñones
120 g de albahaca, sin tallos
150–180 ml de aceite de oliva virgen
extra
50 g de queso parmesano rallado
fino, más queso adicional para
servir

Ponga el ajo y los piñones en un mortero o un robot de cocina y tritúrelos hasta que estém bien molidos. Añada la albahaca y vierta el aceite de oliva poco a poco, mientras sigue triturando. Cuando obtenga un puré espeso, deje de añadir aceite. Salpimiente y agregue el queso parmesano.

Lleve a ebullición una olla grande con agua y sal. Añada la pasta, las judías verdes y las patatas, removiendo bien para evitar que la pasta se pegue. Cueza hasta que la pasta esté *al dente* (las hortalizas ya estarán cocidas) y escúrralo todo; reserve un poco de agua.

Devuelva a la olla la pasta y las hortalizas, añada el pesto y mezcle bien. Si es necesario, agregue un poco del agua reservada para separar la pasta. Salpimiente y sirva de inmediato con el queso parmesano adicional.

Para 4 personas

Pulao de gambas

200 g de arroz basmati
300 g de gambas pequeñas
3 cucharadas de aceite
1 cebolla bien picada
1 rama de canela
6 vainas de cardamomo
5 clavos de especia
1 tallo de hierba de limón bien picado
4 dientes de ajo majados
1 trozo de 5 cm de jengibre fresco, rallado
¼ cucharadita de cúrcuma molida

Lave el arroz bajo el chorro de agua fría y escúrralo. Pele las gambas, retire el hilo intestinal, lávelas y séquelas bien con papel de cocina.

Caliente el aceite en una sartén a fuego lento y fría la cebolla, las especias y la hierba de limón. Añada el ajo, el jengibre y la cúrcuma. Agregue las gambas y remueva hasta que adquieran un tono rosado. Incorpore el arroz y fríalo 2 minutos. Vierta 500 ml de agua hirviendo con una pizca de sal. Lleve a ebullición. Baje el fuego y deje cocer 15 minutos. Retire la cazuela del fuego y deje reposar 10 minutos. Remueva el arroz antes de servir.

Para 4 personas

Sopa picante de pollo
a la portuguesa

2,5 l de caldo de pollo
1 cebolla cortada en cuñas finas
1 tallo de apio bien picado
1 cucharadita de ralladura de limón
3 tomates pelados, sin semillas y
    picados
1 ramita de menta
1 cucharada de aceite de oliva
2 filetes de pechuga de pollo
200 g de arroz de grano largo
2 cucharadas de zumo de limón
2 cucharadas de menta cortada
    en juliana

Mezcle el caldo de pollo, la cebolla, el apio, la ralladura de limón, los tomates, la menta y el aceite de oliva en una olla grande. Llévelo todo a ebullición a fuego lento, baje el fuego, añada el pollo y cueza de 20 a 25 minutos o hasta que el pollo esté cocido.

Retire el pollo de la olla y deseche la ramita de menta. Deje enfriar el pollo y córtelo en lonchas finas.

Mientras tanto, añada el arroz a la olla y deje cocer a fuego lento de 25 a 30 minutos o hasta que el arroz esté tierno. Pase las lonchas de pollo a la olla, vierta el zumo de limón y remueva 1 o 2 minutos, o hasta que el pollo esté bien caliente. Salpimiente, e incorpore la juliana de menta.

Para 6 personas

Berenjenas con especias

2 berenjenas cortadas en rodajas
2 cebollas bien picadas
1 trozo de 2 cm de jengibre fresco,
rallado
4 dientes de ajo majados
2 guindillas rojas bien picadas
500 g de tomates en conserva
aceite, para freír
½ cucharadita de cúrcuma molida
½ cucharadita de semillas de ajenuz
(kalonji)
2 cucharaditas de garam masala
un puñado grande de cilantro picado

Introduzca las rodajas de berenjena en un colador, espolvoréelas con sal y déjelas reposar 30 minutos. Enjuague las rodajas, escúrralas para retirar el exceso de agua y séquelas bien con papel de cocina.

Pique bien los tomates y mézclelos con la cebolla, el jengibre, el ajo y la guindilla.

Caliente un poco de aceite en una sartén grande de fondo pesado y, cuando empiece a humear, añada todas las rodajas de berenjena que quepan en una sola capa. Fríalas a fuego medio hasta que se doren por ambos lados y escúrralas para retirar el exceso de aceite. Fría el resto de la berenjena por tandas. Añada más aceite si es necesario; retire el exceso.

Caliente 1 cucharada de aceite en la sartén y añada la cúrcuma, las semillas de ajenuz y el garam masala. Remueva unos segundos y agregue la mezcla de tomate. Cueza, removiendo, 5 minutos o hasta que la mezcla se espese. Disponga con cuidado la berenjena frita para que las rodajas queden enteras, tape la sartén y cueza a fuego lento unos 15 minutos. Sale al gusto y añada el cilantro.

Para 4 personas

Fajitas

185 ml de aceite de oliva
2 cucharadas de zumo de lima
4 dientes de ajo picados
3 guindillas rojas picadas
2 cucharadas de tequila (opcional)
1 kg de jarrete de ternera cortado
  en tiras finas
1 pimiento rojo y 1 amarillo cortados
  en rodajas finas
1 cebolla roja cortada en rodajas finas
8 tortillas de harina
guacamole
lechuga cortada en juliana
tomate cortado en trozos pequeños
nata agria

Prepare un adobo con el aceite, el zumo de lima, el ajo, la guindilla, el tequila y un poco de pimienta. Añada la carne, tápela y déjela en adobo varias horas o toda la noche, si tiene tiempo.

Escurra la carne y mézclela con el pimiento y la cebolla. En el momento de servir el plato, envuelva las tortillas en papel de aluminio y caliéntelas en el horno a 150°C unos 5 minutos. Fría la carne y las hortalizas por tandas en una sartén de fondo pesado muy caliente, páselas a una fuente y colóquela en el centro de la mesa con las tortillas, el guacamole, la lechuga, el tomate y la nata agria. Deje que cada comensal se prepare las fajitas.

Para 4 personas

Cenas

Soufflés de queso

250 ml de leche

3 granos de pimienta negra
1 cebolla cortada por la mitad y
pinchada con 2 clavos de especia
1 hoja de laurel
60 g de mantequilla
60 g de harina de fuerza
2 huevos, con las yemas y las claras
separadas
125 g de queso Gruyère rallado
250 ml de nata líquida
50 g de queso parmesano rallado fino

Precaliente el horno a 180°C. Engrase ligeramente cuatro moldes individuales de 125 ml. Vierta la leche con los granos de pimienta, la cebolla y la hoja de laurel en un cazo y caliéntela hasta el punto de ebullición. Retírela del fuego y déjela reposar 10 minutos. Cuélela.

Derrita la mantequilla en un cazo y sofría la harina 1 minuto a fuego medio. Retírela del fuego y vierta poco a poco la leche con especias. Ponga el cazo al fuego y remueva hasta que la mezcla hierva y se espese. Cueza 1 minuto.

Pase la mezcla a un bol y añada las yemas de huevo y el queso Gruyère. Bata las claras de huevo a punto de nieve e incorpórelas con cuidado a la salsa de queso. Reparta la mezcla en los moldes y colóquelos en una fuente de horno llena hasta la mitad de agua caliente. Hornéelos 15 minutos. Retírelos de la fuente, déjelos enfriar y métalos en el frigorífico.

Precaliente el horno a 200°C, desmolde los soufflés y páselos a platos refractarios. Rocíelos con nata líquida y espolvoréelos con parmesano. Hornéelos 20 minutos o hasta que suban y se doren. Sírvalos con ensalada.

Para 4 personas

Lomo de cerdo con berenjena encurtida

2 filetes de lomo de cerdo de 500 g
cada uno (unos 10 cm de largo)
2 cucharadas de salsa hoisin
una pizca generosa de cinco especias
en polvo
4 cucharadas de aceite
1 berenjena troceada
2 cucharadas de salsa de soja
2 cucharaditas de aceite de sésamo
2 cucharadas de vinagre balsámico
1/4 cucharadita de azúcar extrafino
2 pak choi cortados en cuartos

Ponga la carne en una fuente y añada la salsa hoisin, las cinco especias en polvo y 1 cucharada de aceite. Frote la carne con la mezcla y resérvela. Caliente otras 2 cucharadas de aceite en una sartén antiadherente y fría la berenjena hasta que esté tierna y empiece a dorarse. Agregue la salsa de soja, el aceite de sésamo, el vinagre y el azúcar, y mézclelo todo durante 1 minuto. Pase la berenjena a un plato y limpie la sartén.

Vierta la cucharada restante de aceite en la sartén y póngala a fuego medio. Fría la carne hasta que esté bien cocida y dorada. El tiempo de cocción depende del grosor del trozo de carne; cuando esté cocida, se notará firme al tacto. Pase de nuevo la berenjena a la sartén para calentarla bien.

Retire la carne y déjela reposar 1 o 2 minutos. Cueza el pak choi en un cazo con un poco de agua hirviendo durante 1 minuto y escúrralo bien. Corte la carne en medallones y sírvala con la berenjena encurtida y el pak choi.

Para 4 personas

Coq au vin

1 cucharada de aceite de oliva
12 cebollitas blancas peladas
3 lonchas de beicon sin corteza
  troceadas
40 g de mantequilla
1,5 kg de pollo troceado
2 dientes de ajo majados
375 ml de vino tinto seco
2 cucharadas de coñac
1 cucharada de tomillo picado
1 hoja de laurel
4 tallos de perejil
250 g de champiñones botón
  cortados por la mitad
20 g de mantequilla adicional
  reblandecida
20 g de harina
perejil picado para servir

Precaliente el horno a 170°C. Caliente una sartén grande de fondo pesado y añada las cebollitas. Fríalas hasta que estén doradas, añada el beicon y fríalo hasta que se dore. Retire el beicon y las cebollitas, y añada la mantequilla a la sartén. Cuando la mantequilla espume, agregue el pollo en una sola capa y fríalo por tandas hasta que se dore. Páselo a una fuente refractaria, escurra bien la grasa, y añada las cebollitas y el beicon.

Retire el exceso de grasa de la sartén y añada el ajo, el vino, el coñac, el tomillo, el laurel y los tallos de perejil. Llévelo todo a ebullición y viértalo sobre el pollo. Hornéelo, tapado, durante 1 hora y 25 minutos, incorpore los champiñones y cuézalos 30 minutos. Escúrralo todo en un colador y reserve el líquido en un cazo. Mantenga el pollo caliente en el horno.

Mezcle la mantequilla reblandecida y la harina, lleve el líquido del cazo a ebullición e incorpore la pasta de harina y mantequilla en dos tandas. Baje el fuego y deje cocer hasta que el líquido se espese ligeramente. Retire los tallos de perejil y la hoja de laurel del pollo, y páselo de nuevo a la fuente refractaria. Vierta la salsa, espolvoree el perejil picado y sirva.

Para 4 personas

Solomillo Wellington

1,25 kg de solomillo de vacuno
en una pieza sin grasa ni nervios
1 cucharada de aceite
125 g de paté
60 g de champiñones botón
cortados en láminas
375 g de masa de hojaldre
descongelada
1 huevo ligeramente batido
1 lámina de masa de hojaldre
descongelada
judías verdes, para servir
romero, para adornar

Para que el solomillo mantenga su forma, átelo en cuatro o cinco puntos, y frótelo con pimienta. Caliente el aceite a fuego vivo en una cacerola grande de fondo pesado y fría la carne hasta que esté dorada. Retire el solomillo de la cacerola y deseche el bramante. Unte con el paté la superficie del solomillo y utilícelo para adherir los champiñones a la carne.

Para envolver el solomillo con pasta de hojaldre, empiece extendiendo la masa sobre una superficie ligeramente enharinada hasta que sea lo bastante grande. Coloque el solomillo encima, pinte los bordes de la masa con huevo y dóblelos hacia arriba para envolver el solomillo. Selle la juntura con más huevo batido y doble los extremos hacia adentro. Disponga la carne sobre una bandeja de horno engrasada, con la juntura hacia abajo.

Corte unos trozos de pasta con formas diversas. Engánchelas con huevo a la carne y pinte toda la superficie con más huevo. Haga unos cortes en la superficie para dejar salir el vapor. Hornéelo a 210°C unos 45 minutos si le gusta la carne poco hecha, 1 hora, si al punto o 1½ horas, si muy hecha. Déjela reposar 10 minutos, trínchela y sírvala con judías verdes y romero.

Para 6–8 personas

Pez espada con salsa de anchoas y alcaparras

4 filetes de pez espada
1 cucharada de aceite de oliva
  virgen extra
pan italiano, para servir

Salsa
1 diente de ajo grande
1 cucharada de alcaparras
  enjuagadas y bien picadas
50 g de filetes de anchoa bien
  picados
1 cucharada de romero u orégano
  seco bien picado
la ralladura fina y el zumo de ½ limón
4 cucharadas de aceite de oliva
  virgen extra
1 tomate grande bien picado

Ponga el ajo en un mortero con un poco de sal y májelo. Para preparar la salsa, mezcle el ajo, las alcaparras, las anchoas, el romero u orégano, la ralladura y el zumo de limón, el aceite y el tomate. Déjela reposar 10 minutos.

Caliente la plancha hasta que humee. Seque los filetes de pez espada con papel de cocina, úntelos ligeramente con el aceite de oliva y salpimiéntelos. Soáselos a fuego fuerte unos 2 minutos por cada lado (según el grosor de los filetes) o justo hasta que estén cocidos. La mejor manera de comprobar si el pescado está cocido es abrir un poco el centro de un filete: la carne debe estar opaca (sírvalo con el lado cortado abajo)

Si el pez espada resulta un poco aceitoso, séquelo con papel de cocina. Dispóngalo en una fuente y rocíelo con la salsa. Sírvalo con pan italiano para mojar.

Para 4 personas

Solomillo a la pimienta

4 filetes de solomillo de vacuno
de 200 g cada uno
2 cucharadas de aceite
6 cucharadas de granos de
pimienta negra machacados
40 g de mantequilla
3 cucharadas de coñac
125 ml de nata espesa
ensalada verde, para servir

Unte los solomillos con el aceite por
ambos lados e incruste los granos de
pimienta en la carne para que no se
caigan durante la cocción. Derrita la
mantequilla en una sartén grande y
fría los solomillos de 2 a 4 minutos
por cada lado, según como le guste
la carne.

Añada el coñac y flamee la carne en-
cendiendo la sartén con la llama del
gas o una cerilla (manténgase lo más
alejado posible y tenga una tapadera
a mano para una posible emergencia).
Retire los solomillos y páselos a una
fuente caliente. Añada el vino a la sartén y hiérvalo 1 minuto, removiendo,
para desglasar la sartén. Vierta la nata
y remueva unos minutos. Salpimiente
y vierta la salsa sobre la carne. Sírvala
con una ensalada verde.

Para 4 personas

Teppanyaki

350 g de solomillo de vacuno
hortalizas variadas, como judías
    verdes, berenjena larga, setas
    shiitake, pimiento rojo o verde,
    o cebolletas
12 gambas peladas y sin el hilo
    intestinal, con las colas intactas
3 cucharadas de aceite
salsa de soja

Corte la carne en lonchas muy finas.
El secreto es congelarla parcialmente
(unos 30 minutos son suficientes) y
cortarla con un cuchillo muy afilado.
Disponga las lonchas de carne en una
sola capa en una fuente grande y salpimiéntelas.

Corte las hortalizas en tiras largas y
finas y dispóngalas en montoncitos
separados en una fuente. Disponga
las gambas en una tercera fuente.

La gracia del teppanyaki es cocer la
comida en la mesa sobre una plancha
eléctrica muy caliente o una sartén.
Unte ligeramente la plancha con aceite. Fría una cuarta parte de la carne
a fuego vivo, soasándola por ambos
lados, y apártela a un lado de la plancha mientras fríe una cuarta parte de
las hortalizas y las gambas. Sirva una
pequeña porción de la carne y las
hortalizas a los comensales para que
las mojen en la salsa de soja. Repita
la operación con la carne y las hortalizas restantes, cociéndolas por tandas
a medida que se vayan terminando.
Sirva el plato acompañado de arroz.

Para 4 personas

Solomillo con salsa a la pimienta verde

4 filetes de solomillo de vacuno
de 200 g de cada uno
30 g de mantequilla
2 cucharaditas de aceite
250 ml de caldo de carne de vacuno
185 ml de nata para montar
2 cucharaditas de fécula de maíz
(maicena)
2 cucharadas de granos de pimienta
verde en salmuera enjuagados y
escurridos
2 cucharadas de brandy
patatas fritas, para servir
romero, para adornar

Golpee los filetes con un mazo de carne hasta que tengan 1,5 cm de grosor. Luego, haga cortes en los bordes de los filetes para evitar que se curven al freírlos.

Caliente la mantequilla y el aceite en una sartén grande de fondo pesado a fuego fuerte. Fría los filetes de 2 a 4 minutos por cada lado, según como le guste la carne. Páselos a una fuente y cúbralos con papel de aluminio.

Añada el caldo a los jugos de cocción y remueva a fuego lento hasta que hierva. Mezcle la nata con la fécula de maíz, viértalo en la sartén y no deje de remover hasta que la salsa quede homogénea y espesa; tardará unos minutos. Agregue los granos de pimienta y el coñac, y hiérvalo todo 1 minuto más antes de retirar la sartén del fuego. Vierta la salsa sobre la carne. Sírvala con patatas fritas y adórnela con romero.

Para 4 personas

Chuletas de cerdo pizzaiola

4 chuletas de cerdo
4 cucharadas de aceite de oliva
600 g de tomates maduros
3 dientes de ajo majados
3 hojas de albahaca troceadas
1 cucharadita de perejil bien picado,
    para servir

Con unas tijeras o un cuchillo, corte la grasa de la carne a intervalos de 5 mm alrededor de la carne. Unte las chuletas con 1 cucharada de aceite de oliva y salpiméntelas bien.

Retire los tallos de los tomates y haga una incisión en forma de cruz en la base de cada uno. Escáldelos 30 segundos en agua hirviendo. Páselos a un bol con agua fría, pélelos empezando por la cruz y pique la pulpa.

Caliente 2 cucharadas de aceite en una cacerola a fuego lento y añada el ajo. Cuézalo sin dorarlo 1 o 2 minutos, añada el tomate y salpimiente. Suba el fuego, lleve a ebullición y cueza la mezcla 5 minutos hasta que se espese. Agregue la albahaca.

Caliente el aceite restante en una sartén grande con tapa ajustada. Dore las chuletas por tandas a fuego medio o vivo durante 2 minutos por cada lado. Dispóngalas unas junto a las otras ligeramente superpuestas, en el centro de la sartén y vierta la salsa por encima, de modo que cubra las chuletas por completo. Tape la sartén y cuézalas a fuego lento unos 5 minutos. Espolvoréelas con perejil antes de servirlas.

Para 4 personas

Lubina al horno rellena de arroz salvaje

2 bulbos pequeños de hinojo
65 g de arroz salvaje
250 ml de caldo de pescado
2 cucharadas de mantequilla
2 cucharadas de aceite de oliva
1 cebolla picada
1 diente de ajo majado
la ralladura de 1 limón
2 kg de lubina, perca o cualquier
   pescado blanco grande, limpio y
   sin escamas
aceite de oliva virgen extra
1 limón cortado en cuartos
2 cucharaditas de orégano picado
gajos de limón para servir

Precaliente el horno a 190°C y engrase ligeramente una fuente de horno refractaria grande y de paredes bajas. Corte el hinojo en rodajas finas y reserve las frondas verdes.

Ponga el arroz salvaje y el caldo en un cazo con 3 cucharadas de agua y llévela a ebullición. Cueza el arroz a fuego lento 30 minutos o hasta que esté tierno y escúrralo. Caliente la mantequilla y el aceite de oliva en una sartén y sofría el hinojo, la cebolla y el ajo a fuego lento de 12 a 15 minutos o hasta que estén tiernos, pero no dorados. Añada la ralladura de limón y el arroz, y salpimiente.

Ponga el pescado en una tabla de cortar. Rellénelo con una cucharada colmada de la mezcla de hinojo y una cuarta parte de las frondas reservadas. Dispóngalo en una fuente refractaria. Úntelo con aceite de oliva virgen extra, rocíelo con el limón y salpimiéntelo.

Ponga el resto del hinojo cocido en la fuente refractaria y espolvoréelo con la mitad del orégano. Disponga el pescado sobre el hinojo. Espolvoréelo con el orégano restante y cúbralo holgadamente con papel de aluminio.
Hornéelo 25 minutos o hasta que esté cocido. Sírvalo con cuñas de limón.

Para 4 personas

Salchichas estofadas con lentejas de Puy

1 cucharada de aceite de oliva
110 g de panceta cortada en dados
2 cebollas rojas bien picadas
12 salchichas de Toulouse o
salchichas de cerdo
2 dientes de ajo pelados y chafados
2 ramitas de hojas de tomillo
300 g de lentejas de Puy
750 ml de consomé de pollo
en conserva
300 g de hojas de espinacas mini
bien picadas
80 ml de crème fraîche

Caliente el aceite en una sartén grande de fondo pesado (con tapa) y fría la panceta hasta que se dore. Retírela con una espumadera y pásela a un bol. Ponga la cebolla en la sartén y sofríala hasta que esté tierna y algo dorada. Retire la cebolla con una espumadera y añádala a la panceta. Ponga las salchichas en la misma sartén y fríalas hasta que estén bien doradas. Incorpore la panceta y la cebolla a las salchichas.

Agregue el ajo y las hojas de tomilloa la sartén junto con las lentejas, y méz-clelo todo. Vierta el consomé y llévelo a ebullición. Tape la sartén y deje cocer a fuego lento de 30 a 35 minutos o hasta que las lentejas estén tiernas. Añada las espinacas y mezcle.

Salpimiente las lentejas y añada la crème fraîche. Sirva las salchichas con las lentejas en boles de paredes bajas, acompañadas de pan.

Para 4 personas

Rollitos nori de salmón con fideos al sésamo

300 g de fideos soba
1½ cucharaditas de aceite de sésamo
2 cucharadas de semillas de sésamo
2 filetes de salmón (10 x 15 cm), sin espinas
2 láminas de alga nori
1 cucharada de mantequilla
250 g de hojas de espinacas mini

Cueza los fideos en una olla con agua hirviendo y sal durante unos 5 minutos o hasta que estén bien cocidos. El tiempo de cocción varía según la marca de los fideos. Escurra los fideos, añada el aceite de sésamo, salpimiente y remuévalos para cubrirlos con el aceite. Tueste las semillas de sésamo en una sartén sin aceite hasta que empiecen a dorarse y oler a tostado y añádalas a los fideos. Tápelos y manténgalos calientes.

Corte cada filete de salmón por la mitad en sentido horizontal y arregle los bordes. Corte cada lámina de nori por la mitad con unas tijeras y disponga un trozo de salmón encima de cada una. Salpimiente los filetes y enróllelos para formar troncos uniformes. Recorte cualquier trozo de nori o de salmón que sobresalga. Con un cuchillo afilado, corte cada rollito en 3 trozos.

Caliente la mantequilla en una sartén antiadherente y fría los trozos de rollito hasta que se doren por ambos lados y queden prácticamente cocidos (tardarán unos 4 minutos por cada lado), y retírelos. Añada las espinacas a la sartén, remueva hasta que se mustien y apague el fuego. Sirva los rollitos de salmón con los fideos, acompañados con unas cuantas espinacas.

Para 4 personas

Morcillos de cordero con garbanzos

1 cucharada de aceite
4 morcillos de cordero grandes
   u 8 pequeños
2 cebollas bien picadas
2 dientes de ajo majados
1 cucharada de harissa
1 rama de canela
800 g de tomates troceados en
   conserva
600 g de garbanzos en conserva
   escurridos
90 g de aceitunas verdes
½ cucharada de limón en conserva
   o piel de limón, bien picados
2 cucharadas de menta picada

Caliente el aceite en una cazuela grande a fuego medio y fría los morcillos de cordero hasta que se doren. Añada la cebolla y el ajo, y fríalos unos minutos, hasta que la cebolla empiece a reblandecerse.

Añada a la cazuela la harissa, la canela y sal y pimienta, remuévalo todo, agregue el tomate troceado y llévelo todo a ebullición. Si le parece que falta líquido (los morcillos deben quedar bien cubiertos), añada un poco de agua. Tape la cazuela y baje el fuego hasta que el líquido rompa a hervir, y deje cocer 50 minutos.

Introduzca en la cazuela los garbanzos, las aceitunas y el limón, y remueva. Salpimiente al gusto y prosiga la cocción con la cazuela destapada de 20 a 30 minutos más. La carne debe quedar muy tierna y casi separada del hueso. En caso contrario, continúe la cocción, comprobándola cada 5 minutos, hasta que la carne esté en su punto. Con un cucharón, retire el aceite de color anaranjado de la superficie y agregue la menta. Sirva el plato con más harissa, si prefiere una salsa un poco más picante.

Para 4 personas

Trucha a la plancha con mantequilla al limón y cuscús

200 g de cuscús instantáneo
1 cucharada de aceite de oliva
1 cebolla bien picada
4 trozos de pimiento rojo o amarillo
   asado picados
un puñado pequeño de piñones
el zumo y la ralladura de 2 limones
un puñado grande de menta picado
4 filetes de trucha arco iris, sin piel
2 cucharadas de mantequilla
   reblandecida

Caliente una plancha. En una cacerola, lleve a ebullición 500 ml de agua y vierta el cuscús. Retire la cacerola del fuego y déjelo reposar 10 minutos.

Caliente el aceite en una sartén y fría la cebolla hasta que esté ligeramente dorada. Añada el pimiento, los piñones y el cuscús. Agregue la mitad del zumo y la ralladura de limón, junto con la menta, y remueva.

Disponga los filetes de trucha en una bandeja de horno untada con aceite. Mezcle la mantequilla con el resto de la ralladura de limón y unte el pescado con ella. Áselo 6 minutos o hasta que esté cocido al punto. Rocíelo con el zumo de limón restante y salpimiéntelo.

Retire la trucha de la bandeja con cuidado ya que, al no tener la piel, resulta más difícil mantenerla entera. Sírvala sobre el cuscús, rociada con los jugos de cocción.

Para 4 personas

Costillas de cordero con cebolla caramelizada

2 cucharadas de mantequilla
80 ml de aceite de oliva
4 cebollas cortadas en rodajas finas
2 cucharaditas de azúcar moreno
2 cucharaditas de hojas de tomillo
2 cucharadas de perejil bien picado
12 costillas de cordero recortadas
    a la francesa
2 cucharadas de zumo de limón

Caliente la mantequilla y la mitad del aceite de oliva en un cazo. Añada la cebolla, el azúcar y el tomillo, y mezcle bien. Baje el fuego al mínimo, tape el cazo y cueza la cebolla, removiendo de vez en cuando, de 30 a 35 minutos o hasta que esté muy blanda y dorada. Salpimiéntela, agregue el perejil y manténgala caliente a fuego muy lento.

Caliente el aceite restante en una sartén o unte una plancha con aceite. Cuando esté caliente, añada las costillas en una sola capa y fríalas 2 minutos por cada lado o hasta que la carne esté dorada por fuera pero tierna por dentro. Rocíela con el zumo de limón y salpimiéntela bien.

Forme un montoncito de cebolla caramelizada y hierbas en cada plato, y disponga las costillas alrededor.

Para 4 personas

Marinara estival de marisco

300 g de fideos cabello de ángel
al azafrán frescos
1 cucharada de aceite de oliva
virgen extra
30 g de mantequilla
2 dientes de ajo bien picados
1 cebolla grande bien picada
1 guindilla roja pequeña bien picada
600 g de tomates pelados en
conserva picados
250 ml de vino blanco
la ralladura de 1 limón
½ cucharada de azúcar
200 g de vieiras sin las valvas
500 g de gambas crudas peladas
y sin el hilo intestinal
300 g de almejas (vongole)

Cueza la pasta en una olla con agua hirviendo hasta que esté *al dente*. Escúrrala y manténgala caliente.

Caliente el aceite y la mantequilla en una sartén grande y sofría el ajo, la cebolla y la guindilla a fuego medio durante 5 minutos o hasta que estén tiernos, pero no dorados. Añada los tomates y el vino, y lleve a ebullición. Cueza 10 minutos o hasta que la salsa se reduzca y se espese.

Añada la ralladura de limón, el azúcar, las vieiras, las gambas y las almejas, y cueza, tapado, 5 minutos o hasta que el marisco esté tierno. Deseche las almejas cerradas. Salpimiente. Sirva la pasta con la salsa por encima.

Para 4 personas

Estofado a la cerveza Guinness con puré de apio nabo

2 cucharadas de aceite
1 kg de bistec de pobre cortado
   en dados
2 cebollas picadas
1 diente de ajo majado
2 cucharaditas de azúcar moreno
2 cucharaditas de harina
125 ml de cerveza Guinness
375 ml de caldo de carne
1 hoja de laurel
2 ramitas de tomillo
1 apio nabo
1 patata cortada en dados
250 ml de leche
1 cucharada de mantequilla
4 rebanadas de baguette tostadas
1 cucharadita de mostaza de Dijon

Precaliente el horno a 180°C. Caliente la mitad del aceite en una sartén a fuego vivo y fría la carne por tandas hasta que se dore. Añada más aceite si es necesario. Pase la carne a una cazuela.

Ponga la cebolla en la sartén y fríala a fuego lento. Cuando empiece a dorarse, añada el ajo y el azúcar moreno, y cueza hasta que la cebolla esté bastante dorada. Incorpore la harina y pase la mezcla a la cazuela.

Eche la cerveza Guinness y el caldo en la sartén, llévelos a ebullición y viértalos en la cazuela. Añada la hoja de laurel y el tomillo, y salpimiente. Lleve a ebullición, tape la cazuela y hornéela durante 2 horas.

Pele el apio nabo y píquelo. Ponga los trozos en un bol con agua a medida que los corta. Ponga la patata y el apio nabo en un cazo con la leche y llévelo a ebullición. Tape, deje cocer 15 minutos y cháfelo todo con la leche, formando un puré. Salpimiente bien e incorpore la mantequilla.

Unte las rebanadas de pan con la mostaza, disponga el estofado encima y sirva acompañado con el puré de apio nabo.

Para 4 personas

Cordero asado

2 ramitas de romero

3 dientes de ajo

75 g de panceta

1 pierna de cordero de 2 kg, con el hueso del morcillo cortado justo por encima de la articulación, sin la grasa sobrante y atada con bramante

1 cebolla grande

125 ml de aceite de oliva

375 ml de vino blanco seco

Precaliente el horno a 230°C. Separe las hojas de las ramitas de romero y píquelas con el ajo y la panceta hasta obtener una textura pastosa. Salpimiente.

Con la punta de un cuchillo afilado, haga incisiones de 1 cm de hondo por todo el cordero. Frote la carne con el relleno de romero e introdúzcalo en las incisiones.

Corte la cebolla en cuatro rodajas gruesas y póngalas en el centro de una fuente para asar. Disponga el cordero encima y rocíelo con el aceite de oliva. Áselo 15 minutos. Baje la temperatura a 180°C, vierta 250 ml de vinoy áselo 1½ horas para que quede medio cocido, o más tiempo si lo prefiere. Rocíelo con su jugo un par de veces y añada un poco de agua si los jugos se absorben y empiezan a dorarse. Pase el cordero a una tabla de trinchar y déjelo reposar 10 minutos.

Retire la cebolla y deseche el exceso de aceite de la fuente con una cuchara. Póngala sobre un fuego fuerte, vierta el vino restante y cuézalo 3 o 4 minutos, o hasta que la salsa se reduzca y se espese. Rectifique de sal y pimienta. Trinche el cordero y sírvalo con la salsa por encima.

Para 4 personas

Chuletas de cerdo con manzana y sidra

1 cucharada de aceite
2 cebollas cortadas en rodajas
2 manzanas Golden Delicious, sin
el corazón y cortadas en cuña
2 cucharaditas de azúcar extrafino
2 cucharaditas de mantequilla
4 chuletas de cerdo gruesas, con
los bordes recortados
80 ml de sidra
80 ml de nata líquida

Caliente el aceite en una sartén anti-adherente grande, añada la cebolla y fríala unos 5 minutos o hasta que esté tierna y empiece a dorarse. Pase la cebolla a una fuente.

Agregue los trozos de manzana a la sartén y fríalos 1 o 2 minutos; no deben romperse, solamente reblandecerse y dorarse. Añada el azúcar y la mantequilla, y sacuda bien la sartén hasta que las manzanas empiecen a caramelizarse. Páselas a la fuente con la cebolla.

Ponga las chuletas de cerdo en la sartén, salpimiéntelas y fríalas 4 minutos por cada lado o hasta que estén bien hechas. Pase de nuevo la cebolla y las manzanas a la sartén. Cuando estén bien calientes, vierta la sidra y lleve a ebullición. Añada la nata líquida y sacuda la sartén para mezclarlo todo bien. Deje cocer 1 minuto, salpimiente bien y sirva acompañado de patatas y una ensalada verde; los berros combinan muy bien con este plato.

Para 4 personas

Mejillones a la tailandesa con tallarines

2 kg de mejillones
240 g de tallarines transparentes
  (4 manojos pequeños)
2 dientes de ajo majados
2 cebolletas bien picadas
2 cucharadas de pasta de curry roja
160 ml de crema de coco
el zumo de 2 limas
2 cucharadas de salsa de pescado
un puñado de hojas de cilantro

Enjuague los mejillones con agua fría y retire las barbas. Mírelos uno a uno y, si no están bien cerrados, golpéelos contra la superficie de trabajo para comprobar que se cierran. Deseche los que permanecen abiertos.

Remoje los tallarines en agua hirviendo 1 o 2 minutos. Escúrralos y, con unas tijeras, córtelos en tiras cortas.

Ponga los mejillones en una sartén honda o un wok con la cebolleta, el ajo y 125 ml de agua. Lleve el agua a ebullición, tape la sartén y cueza los mejillones, sacudiendo la sartén de vez en cuando, de 2 a 3 minutos o hasta que se hayan abierto todos. Deseche los que queden cerrados. Vierta toda la preparación, incluido el líquido, en un tamiz forrado con una gasa, y reserve el líquido.

Vierta de nuevo el líquido de cocción en la sartén, añada la pasta de curry y la crema de coco, y mezcle bien. Lleve la mezcla a ebullición y agregue el zumo de lima y la salsa de pescado. Pase de nuevo los mejillones a la sartén. Cueza 1 minuto y añada las hojas de cilantro.

Ponga unos cuantos tallarines en cada bol y sirva los mejillones encima.

Para 4 personas

Saltimbocca

8 escalopes de ternera pequeños
8 lonchas de jamón
8 hojas de salvia
2 cucharadas de aceite de oliva
60 g de mantequilla
185 ml de vino de Marsala seco
o vino blanco seco

Ponga la carne entre dos láminas de papel encerado y aplánela de manera uniforme con un mazo de carne o un rodillo de cocina hasta que tenga 5 mm de grosor. Retire el papel y salpimiéntela ligeramente. Corte las lonchas de jamón del mismo tamaño que la carne. Ponga encima de cada escalope una loncha de jamón y coloque una hoja de salvia en el centro. Sujétela con un palillo.

Caliente el aceite de oliva y la mitad de la mantequilla en una sartén. Fría la carne a fuego medio por tandas, con el jamón cara arriba, durante 3 o 4 minutos, o hasta que esté bien cocida. Déle rápidamente la vuelta a la saltimbocca y fría el lado del jamón. Mantenga cada tanda caliente.

Retire el aceite de la sartén y vierta el vino de Marsala o el vino blanco. Lleve a ebullición y cueza a fuego fuerte hasta que se reduzca a la mitad; raspe los restos del fondo de la sartén. Añada la mantequilla restante y, una vez fundida, salpimiente la salsa. Para servir, retire los palillos y vierta la salsa sobre la carne con una cuchara.

Para 4 personas

Filete con mantequilla maître d'hôtel

90 g de mantequilla reblandecida
2 cucharaditas de perejil bien picado
zumo de limón
4 filetes, de unos 1,5 cm de grosor
1 cucharada de aceite de oliva

Con una cuchara de madera, bata la mantequilla en un bol hasta que se vuelva cremosa. Añada una pizca de sal, otra de pimienta y el perejil. A continuación, vierta 2 cucharaditas de zumo de limón, gota a gota. Meta la mantequilla en el frigorífico para que se solidifique un poco y déle forma de tronco enrollándola en papel encerado. Resérvela en el frigorífico hasta su uso.

Salpimiente los filetes por ambos lados. Caliente el aceite en una sartén grande y, cuando humee, añada los filetes. Fríalos 2 minutos por cada lado si le gusta la carne poco hecha, 3 minutos si le gusta al punto, y 4 minutos si la prefiere muy hecha. El tiempo puede variar según el grosor de los filetes.

Corte la mantequilla en rodajas y disponga un par sobre cada filete; el calor de la carne fundirá la mantequilla. Sirva el plato acompañado de patatas y hortalizas o una ensalada.

Para 4 personas

Contra con salsa de perejil

1,5 kg de contra de vacuno
   acecinada
1 cucharadita de granos de pimienta
   negra
5 clavos de especia
2 hojas de laurel troceadas
2 cucharadas de azúcar moreno

Salsa de perejil
50 g de mantequilla
1½ cucharadas de harina
400 ml de leche
125 ml de caldo de carne de vacuno
2 cucharadas de perejil picado

Deje la carne en remojo en agua fría durante 45 minutos; cambie el agua 3 o 4 veces. Así moderará el sabor salado de la carne.

Retire la carne del agua y pásela a una cacerola grande de fondo pesado junto con los granos de pimienta, los clavos de especia, las hojas de laurel, el azúcar moreno y cúbrala con agua fría. Llévela a ebullición, baje el fuego al mínimo y deje cocer 1½–1¾ horas. Déle la vuelta a la carne cada media hora y vigile el nivel del agua; probablemente deba añadir más. No deje que hierva o la carne se endurecerá; puede utilizar un difusor de calor si es necesario. Retire la carne de la cacerola y déjela reposar 15 minutos.

Para preparar la salsa de perejil, derrita la mantequilla en un cazo a fuego medio, incorpore la harina y remueva durante 1 minuto. Retire el cazo del fuego y vierta la leche y el caldo, batiendo hasta obtener una salsa homogénea. Ponga de nuevo el cazo en el fuego y cueza la salsa, sin dejar de remover, hasta que hierva y se espese. Baje el fuego y cueza 2 minutos más antes de añadir el perejil y un poco de sal y pimienta. Sirva la carne con la salsa, acompañada de hortalizas al vapor.

Para 6 personas

Postres

Brownies de chocolate doble

80 g de mantequilla
40 g de cacao en polvo
145 g de azúcar extrafino
2 huevos
60 g de harina
½ cucharadita de levadura en polvo
100 g de perlas de chocolate

Precaliente el horno a 180°C. Unte un molde de pastel con aceite o mantequilla fundida, y coloque un trozo de papel parafinado en el fondo.

Derrita la mantequilla en un cazo. Una vez fundida, retírela del fuego e incorpore el cacao y el azúcar y, a continuación, los huevos.

Ponga un tamiz sobre el cazo y vierta la harina y la levadura en polvo, junto con una pizca de sal. Tamícelo todo sobre el cazo y mézclelo bien. Asegúrese de que no quedan bolsas de harina. Añada las perlas de chocolate y remueva bien.

Vierta la mezcla en el molde y hornéela 30 minutos. El tiempo de cocción puede variar según el tamaño del molde. Los brownies estarán cocidos cuando, al insertar una brocheta en el centro, ésta salga limpia. Recuerde, sin embargo, que las perlas de chocolate se pueden haber derretido y, si la brocheta toca una, puede parecer que la masa aún está húmeda. Deje enfriar el pastel en el molde, desmóldelo y córtelo en porciones cuadradas.

Para 12 unidades

Merengues tropicales

3 claras de huevo
175 g de azúcar extrafino
50 g de coco rallado
¼ cucharadita de esencia de coco
2 cucharadas de leche
2 cucharadas de azúcar extrafino
250 g de queso mascarpone
2 mangos pelados y cortados
  en rodajas finas
2 maracuyás

Precaliente el horno a 140°C. Engrase dos bandejas de horno y fórrelas con papel parafinado. En un bol, bata las claras de huevo a punto de nieve. Añada el azúcar, de cucharada en cucharada, hasta que la mezcla quede brillante. Incorpore el coco rallado y la esencia de coco.

Forme con la mezcla montoncitos de 8 cm y dispóngalos en las bandejas. Hornéelos durante 1 hora. Apague el horno y déjelos reposar 1 hora más en el interior.

Añada la leche y el azúcar al queso mascarpone y bata bien. Vierta un poco de la mezcla sobre cada merengue y disponga la fruta encima.

Para 6 unidades

Magdalenas de chocolate y pistacho

150 g de pistachos pelados
60 g de harina
175 g de mantequilla
210 g de azúcar glas
2 cucharadas de cacao
½ cucharadita de cardamomo molido
5 claras de huevo ligeramente batidas
200 g de perlas de chocolate
azúcar glas, para espolvorear

Precaliente el horno a 200°C. Engrase y forre diez moldes de magdalena de 125 ml. Ponga los pistachos en una bandeja de horno y áselos 5 minutos. Retírelos del horno y déjelos enfriar. Pase los pistachos y la harina a un robot de cocina y tritúrelos hasta que queden bien molidos.

Ponga la mantequilla y el azúcar glas en un bol y bata hasta que quede una mezcla cremosa. Tamice la mezcla de los pistachos y la harina, y el cacao y el cardamomo, e incorpórelo todo a la crema.

Añada las claras de huevo a la crema, junto con las perlas de chocolate, y mezcle bien. Vierta la masa en los moldes y hornéela de 25 a 30 minutos o hasta que se separe de la pared de los moldes. Deje enfriar las magdalenas sobre una rejilla metálica. Espolvoréelas con azúcar glas.

Para 10 unidades

Rollitos de hojaldre con chocolate y avellanas

80 g de crema de chocolate
  y avellanas para untar
80 g de azúcar glas
2 láminas de masa de hojaldre
  descongeladas
1 huevo ligeramente batido
azúcar glas, para espolvorear

Precaliente el horno a 200°C. Mezcle la crema de chocolate y avellanas, y el azúcar glas, y forme con la mezcla un rollo de 20 cm de largo. Envuélvalo en film transparente y enrosque los extremos. Refrigérelo 30 minutos. Cuando esté firme, corte el rollo en ocho porciones iguales. Rebócelas con azúcar glas.

Corte cada lámina de masa de hojaldre en cuatro cuadrados. Ponga una porción de la mezcla de chocolate y avellanas sobre cada uno y enróllelos, con el relleno en el interior. Doble los extremos y unte los rollitos con huevo. Hornéelos 15 minutos o hasta que la masa esté dorada.

Espolvoree los rollitos con azúcar glas.

Para 4 personas

Muffins de cappuccino y chocolate blanco

20 g de café exprés instantáneo
en polvo
1 cucharada de agua hirviendo
310 g de harina de fuerza
115 g de azúcar extrafino
2 huevos ligeramente batidos
375 ml de suero de leche
1 cucharadita de esencia de vainilla
150 g de mantequilla fundida
100 g de chocolate blanco troceado
30 g de mantequilla adicional
3 cucharadas de azúcar moreno

Precaliente el horno a 200°C. Corte ocho trozos de papel parafinado y enróllelos en forma de cilindros de 8 cm de alto que encajen en ocho moldes de 125 ml de capacidad. Cuando estén ajustados a los moldes, sujete los cilindros con bramante y coloque los moldes en una bandeja de horno.

Disuelva el café en el agua hirviendo y déjelo enfriar. Tamice la harina y el azúcar en un bol. Bata el huevo, el suero de leche, la vainilla, la mantequilla fundida, el chocolate y el café, y mézclelo todo con el resto de ingredientes, excepto el azúcar moreno. Vierta la mezcla en los cilindros.

Caliente la mantequilla adicional y el azúcar moreno, y remueva hasta que éste se disuelva. Vierta esta mezcla en los cilindros y remueva un poco la masa de los muffins con una brocheta. Hornéelos de 25 a 30 minutos o hasta que suban y parezcan cocidos al pincharlos con una brocheta.

Para 8 unidades

Arroz con leche para niños

140 g de arroz arborio o de
  grano corto
1 l de leche
80 g de azúcar extrafino
1 cucharadita de extracto de vainilla
125 ml de nata líquida

Lave el arroz en un colador hasta que el agua salga clara. Escúrralo bien y páselo a una cacerola de fondo pesado con la leche, el azúcar y la vainilla.

Lleve la mezcla a ebullición, sin dejar de remover, baje el fuego al mínimo y cueza unos 45 minutos, removiendo con frecuencia, hasta que el arroz quede espeso y cremoso.

Retire la cacerola del fuego y deje reposar el arroz 10 minutos. Incorpore la nata. Sírvalo caliente con compota de fruta, si lo desea.

Para 4–6 personas

Variaciones: Agregue una rama de canela y una tira de piel de limón al arroz en lugar del extracto de vainilla, o bien añada una ramita de lavanda limpia al arroz mientras se cuece.

Sabayón

6 yemas de huevo
3 cucharadas de azúcar extrafino
125 ml de vino de Marsala dulce
250 ml de nata espesa

Bata las yemas de huevo y el azúcar en la parte superior de un recipiente para baño María o en un bol refractario colocado sobre un cazo de agua hirviendo a fuego lento. Asegúrese de que la base del bol no toca el agua o el huevo se cocerá en exceso y cuajará. Es importante que no deje de remover la mezcla cocida desde las paredes del bol hacia el centro.

Cuando la mezcla esté tibia, añada el vino de Marsala y bátala 5 minutos más o hasta que se haya espesado lo suficiente como para mantener su forma al levantar el batidor del bol.

Monte la nata. Incorpórela con cuidado a la mezcla de yema de huevo y vino de Marsala. Reparta la preparación entre cuatro copas o boles. Tápelos y refrigérelos entre 3 y 4 horas antes de servir.

Para 4 personas

Pavlova de la abuela

4 claras de huevo
230 g de azúcar extrafino
2 cucharaditas de fécula de maíz
  (maicena)
1 cucharadita de vinagre blanco
500 ml de nata líquida
3 maracuyás, para decorar
fresas, para decorar

Precaliente el horno a 160°C. Forre una fuente para horno de 32 x 28 cm con papel parafinado.

Introduzca las claras y una pizca de sal en un bol seco. Con una batidora de varillas eléctrica, bátalas a punto de nieve. Añada poco a poco el azúcar, sin dejar de remover tras cada adición, hasta que la mezcla quede espesa y brillante y todo el azúcar se disuelva.

Con una cuchara metálica, incorpore la fécula de maíz y el vinagre. Forme un montón con la mezcla en la fuente preparada. Aplane ligeramente la superficie de la pavlova y alise los bordes. (Esta pavlova debe tener forma de pastel y medir unos 2,5 cm de alto.) Hornéela 1 hora o hasta que quede crujiente y de color crema pálido. Retírela del horno cuando aún esté caliente y déle la vuelta con cuidado sobre otra fuente. Déjela enfriar.

Monte la nata y úntela sobre el centro de la pavlova. Decórela con la pulpa del maracuyá y las fresas cortadas por la mitad. Sírvala en porciones.

Para 6 personas

Trifle

4 rebanadas de bizcocho cuatro
cuartos o 4 soletillas
3 cucharadas de jerez dulce o
vino de Madeira
250 g de frambuesas
4 huevos
2 cucharadas de azúcar extrafino
2 cucharadas de harina
500 ml de leche
¼ cucharadita de extracto de vainilla
125 ml de nata montada
3 cucharadas de almendras
fileteadas, para decorar
frambuesas, para decorar

Ponga el bizcocho en un bol y rocíelo con el jerez. Esparza las frambuesas por encima y cháfelas ligeramente contra el bizcocho con el dorso de una cuchara para que desprendan su sabor ácido; deje algunas enteras.

Mezcle los huevos, el azúcar y la harina en un bol. Caliente la leche en un cazo, viértala sobre la mezcla de huevo, remueva bien y páselo a un cazo limpio. Cueza la crema a fuego medio hasta que hierva y se espese, y cubra el dorso de una cuchara. Añada la vainilla, cubra la superficie con film transparente y déjela enfriar.

Vierta la crema fría sobre las frambuesas y déjela en el frigorífico; debe adquirir una consistencia firme, pero sin solidificarse. Disponga la nata montada sobre la crema. Decórela al gusto con almendras y frambuesas (o cualquier ingrediente que prefiera) y refrigérela hasta el momento de servir.

Para 6 personas

Mousse cremosa de chocolate

125 g de chocolate negro de buena
  calidad troceado
4 huevos, con las yemas y las claras
  separadas
185 ml de nata ligeramente montada
cacao en polvo, para servir

Derrita el chocolate en un bol coloca-do sobre un cazo con agua hirviendo (asegúrese de que el fondo del bol no toca el agua). Remueva el chocolate de vez en cuando hasta que se funda y retírelo del fuego para que se enfríe un poco. Bata ligeramente las yemas de huevo y añádalas al chocolate. Incorpore la nata con cuidado hasta obtener una crema aterciopelada.

Bata las claras de huevo a punto de nieve. Incorpore una cucharada de las claras montadas a la mousse con una cuchara metálica, y añada el resto con cuidado; el secreto es hacerlo de ma-nera rápida y ligera.

Esta mousse se toma en pequeñas cantidades; puede servirla en seis co-pas de vino pequeñas o en moldes de 185 ml de capacidad. Cúbrala con film transparente y refrigérela 4 horas o to-da la noche, hasta que cuaje. Antes de servir, añada una cucharada de nata montada y cacao en polvo.

Para 6 personas

Buñuelos de plátano

125 g de harina de fuerza
1 cucharada de azúcar extrafino
1 cucharadita de canela molida
4 plátanos
abundante aceite, para freír
helado, para servir

Tamice la harina y una pizca de sal en un bol. Forme un hueco en el centro y añada 250 ml de agua poco a poco, batiendo ligeramente e incorporando la harina de las paredes hasta que se mezcle. No se preocupe si la masa parece un poco grumosa. Déjela reposar 30 minutos. Mezcle el azúcar y la canela en un bol y resérvelo.

Corte los plátanos por la mitad a lo ancho, ligeramente en diagonal. Báñelos en la masa. Escurra rápidamente la masa sobrante y fríalos en abundante aceite durante 2 minutos o hasta que queden crujientes y dorados. Lo mejor es usar dos pares de pinzas: unas para bañar los plátanos en la masa y sumergirlos en el aceite, y otras para retirarlos del aceite. También puede retirar los buñuelos fritos con una espumadera. Escúrralos sobre papel de cocina. Espolvoréelos con el azúcar a la canela y sírvalos con helado.

Para 4 personas

Pastel de queso al horno

375 g de galletas María
175 g de mantequilla fundida

Relleno
500 g de requesón
200 g de azúcar extrafino
4 huevos
300 ml de nata para montar
2 cucharadas de harina
1 cucharadita de canela molida
¼ cucharadita de nuez moscada
   recién rallada
1 cucharada de zumo de limón
2 cucharadita de extracto de vainilla
nuez moscada recién rallada, para
   decorar
canela molida, para decorar

Triture las galletas en un robot de cocina hasta obtener migas finas. Añada la mantequilla fundida y triture unos 10 segundos más. Presione la masa contra el fondo y las paredes de un molde bajo desmontable de 23 cm de diámetro, y refrigérelo durante 1 hora.

Bata el requesón y el azúcar, añada los huevos y la nata, y bata unos 4 minutos más. Incorpore la harina, la canela, la nuez moscada, el zumo de limón y la vainilla. Vierta la mezcla sobre la base de galleta fría. Hornee el pastel de queso a 180°C durante 1 hora hasta que la superficie quede bien dorada. No abra la puerta del horno durante la cocción.

Apague el horno y deje reposar el pastel en el interior 2 horas. Abra la puerta del horno y déjelo reposar 1 hora más. Finalmente, déjelo en el frigorífico toda la noche.

Para decorarlo, espolvoréelo con nuez moscada y canela, y sírvalo. Resulta delicioso con abundante nata y unas cuantas fresas.

Para 10 personas

Pudding de croissant y chocolate

4 croissants troceados
125 g de chocolate negro de buena
  calidad troceado
4 huevos
5 cucharadas de azúcar extrafino
250 ml de leche
250 ml de nata líquida
3 cucharaditas de licor de naranja
3 cucharaditas de ralladura de
  naranja
4 cucharadas de zumo de naranja
2 cucharadas de avellanas picadas
  gruesas
nata, para servir

Precaliente el horno a 180°C. Engrase
el fondo y las paredes de un molde
de 20 cm de diámetro y fórrelo con
papel parafinado. Ponga los trozos de
croissant en el molde y esparza por
encima 100 g de chocolate.

Bata los huevos con el azúcar hasta
obtener una mezcla clara y cremosa.
Caliente la leche, la nata, el licor y el
chocolate restante en un cazo hasta
que rompa a hervir. Remueva hasta
que se derrita el chocolate y retire el
cazo del fuego. Añada poco a poco la
mezcla de huevo, sin dejar de remover.
A continuación, agregue la ralladura y
el zumo de naranja. Vierta lentamente
la mezcla sobre los croissants, dejando
que el líquido se absorba por completo
antes de añadir más.

Esparza las avellanas por encima y
hornee el pudding 50 minutos o hasta
que, al clavar una brocheta en el centro, ésta salga limpia. Déjelo enfriar
10 minutos. Desmóldelo sobre una
fuente. Córtelo en porciones y sírvalo
caliente acompañado de nata.

Para 6–8 personas

Arroz con leche al horno

55 g de arroz de grano corto o medio,
  o arroz para pudding
410 ml de leche
1½ cucharadas de azúcar extrafino
185 ml de nata
¼ cucharadita de extracto de vainilla
¼ cucharadita de nuez moscada
  rallada
1 hoja de laurel (opcional)

Precaliente el horno a 150°C y engrase cuatro moldes de 250 ml de capacidad. Mezcle en un bol el arroz, la leche, el azúcar, la nata y el extracto de vainilla, y vierta la preparación en los moldes. Espolvoree la superficie con la nuez moscada rallada y ponga el laurel encima para intensificar el sabor.

Hornee durante 1 hora aproximadamente, hasta que el arroz haya absorbido casi toda la leche, la textura sea cremosa y se haya formado una capa dorada en la superficie. Sirva caliente.

Para 4 personas

Eton mess

4–6 merengues preparados
250 g de fresas
1 cucharadita de azúcar extrafino
250 ml de nata espesa

Trocee los merengues. Corte las fresas en cuartos y póngalas en un bol con el azúcar. Con un pasapurés o el dorso de una cuchara, cháfelas ligeramente para que empiecen a soltar jugo. Monte la nata con un batidor de varillas manual o eléctrico hasta que quede bastante espesa, pero no sólida.

Mézclelo todo con cuidado y sírvalo en vasos.

Para 4 personas

Pudding de limón con crema de cítricos

60 g de mantequilla reblandecida
185 g de azúcar
2 cucharaditas de ralladura de limón
3 huevos, con las yemas y las claras
   separadas
30 g de harina de fuerza
185 ml de leche
80 ml de zumo de limón

Crema de cítricos
300 ml de nata espesa
2 cucharadas de azúcar glas
la ralladura de 1 naranja
la ralladura de ½ lima

Precaliente el horno a 180°C. Engrase ligeramente un molde de soufflé o uno redondo refractario de 1 l de capacidad. Introduzca la mantequilla, el azúcar y la ralladura de limón en un bol y bata hasta obtener una mezcla ligera.

Añada poco a poco las yemas de huevo, batiendo bien tras cada adición. Agregue la harina y la leche, alternando una y otra, hasta obtener una masa homogénea, pero no líquida. Vierta el zumo de limón. Parecerá que la masa se desliga, pero no tiene importancia.

En otro bol, bata las claras de huevo a punto de nieve y, con una cuchara de metal, incorpórelas con cuidado a la masa. Vierta la masa en el molde refractario y colóquelo en una fuente para asar. Llene la fuente con agua hirviendo hasta un tercio del molde. Cueza el pudding de 40 a 45 minutos o hasta que suba y esté firme al tacto. Déjelo reposar 10 minutos antes de servir.

Mientras tanto, prepare la crema de cítricos. Monte la nata con el azúcar e incorpore las ralladuras de naranja y lima. Espolvoree el pudding con azúcar glas, si lo desea, y sírvalo con la crema de cítricos.

Para 4–6 personas

Pastelitos de dátil con salsa de caramelo

270 g de dátiles sin hueso picados
1 cucharadita de bicarbonato
150 g de mantequilla troceada
185 g de harina de fuerza
265 g de azúcar moreno
2 huevos ligeramente batidos
2 cucharadas de jarabe de caña
185 ml de nata líquida

Precaliente el horno a 180°C. Engrase seis moldes de 250 ml de capacidad. Introduzca los dátiles y 250 ml de agua en un cazo, llévelo a ebullición, retírelo del fuego y añada el bicarbonato. Agregue 60 g de mantequilla y remueva hasta que se funda.

Tamice la harina en un bol grande e incorpore 125 g de azúcar. Forme un hueco en el centro, añada la mezcla de dátil y los huevos, y remueva hasta mezclarlo todo bien. Reparta la mezcla entre los moldes y hornéela 20 minutos o hasta que, al clavar una brocheta en el centro, ésta salga limpia.

Para preparar la salsa, introduzca el jarabe de caña, la nata y el resto de la mantequilla y del azúcar en un cazo pequeño y remueva a fuego lento unos 4 minutos o hasta que el azúcar se disuelva. Llévelo a ebullición, baje el fuego y deje cocer, removiendo de vez en cuando, durante 2 minutos.

Para servir, disponga los pastelitos calientes en platos, pínchelos varias veces con una brocheta y rocíelos con la salsa. Si lo desea, puede servirlos con helado.

Para 6 unidades

Macedonia de frutas con especias

110 g de azúcar extrafino
4 rodajas de jengibre
1 guindilla de ojo cortada por la mitad
el zumo y la ralladura de 2 limas
fruta variada (una mezcla de sandía, melón, mango, plátano, cerezas, lichis, kiwi o la fruta que más le guste); suficiente para 4 raciones

Ponga el azúcar en un cazo junto con 125 ml de agua, el jengibre y la guindilla. Caliéntelo todo hasta que el azúcar se disuelva y déjelo enfriar antes de añadir el zumo y la ralladura de lima. Retire el jengibre y la guindilla.

Ponga la fruta que haya escogido en un bol y vierta el almíbar por encima. Déjela marinar en el frigorífico 30 minutos. Sirva la macedonia con helado de coco o cualquier otro helado o sorbete.

Para 4 personas

Flan

650 ml de leche
1 vaina de vainilla
125 g de azúcar extrafino
3 huevos batidos
3 yemas de huevo

Caramelo
100 g de azúcar extrafino

Para preparar el caramelo, ponga el azúcar en un cazo de fondo pesado y caliéntelo hasta que se disuelva y empiece a caramelizarse; mueva el cazo mientras se cuece el azúcar para que adquiera un color uniforme. Retire el cazo del fuego y añada con cuidado 2 cucharadas de agua para detener la cocción. Vierta el caramelo en seis moldes de 125 ml y deje que se enfríe.

Precaliente el horno a 180°C. Ponga la leche y la vaina de vainilla en un cazo y deje que rompa a hervir. Mezcle el azúcar, los huevos y las yemas. Cuele la leche hirviendo sobre la mezcla anterior y remueva bien. Viértala en los moldes y colóquelos en una fuente para asar. Vierta agua caliente en la fuente hasta la mitad de los moldes. Hornee de 35 a 40 minutos o hasta que los flanes estén firmes al tacto. Retírelos de la fuente y déjelos reposar 15 minutos. Desmóldelos y vierta el caramelo por encima.

Para 6 personas

Zuppa inglese

4 porciones gruesas de bizcocho
  o bizcocho cuatro cuartos
80 ml de kirsch
150 g de frambuesas
170 g de moras negras
2 cucharadas de azúcar extrafino
250 ml de natillas
250 ml de nata ligeramente montada
azúcar glas, para espolvorear

Disponga las porciones de bizcocho
en cuatro platos hondos y rocíelas
con el kirsch. Deje que se empapen
de kirsch durante 1 o 2 minutos como
mínimo.

Ponga las frambuesas y las moras
en un cazo con el azúcar extrafino.
Caliéntelas a fuego lento hasta que
el azúcar se disuelva y déjelas enfriar.

Disponga la fruta sobre el bizcocho,
vierta las natillas por encima y, por
último, decore con una cucharada de
nata. Sirva la zuppa inglese espolvoreada con el azúcar glas.

Para 4 personas

Manzanas al horno

6 manzanas
75 g de mantequilla fría
6 ramas pequeñas de canela
100 g de pistachos o piñones
3 cucharadas de azúcar
100 g de pasas o sultanas
200 ml de grappa

Precaliente el horno a 175°C. Retire los corazones de las manzanas con un cuchillo o un vaciador y póngalas en una fuente refractaria.

Divida la mantequilla en seis bastoncitos e introdúzcalos en el centro de las manzanas, junto con una ramita de canela. Esparza los frutos secos, el azúcar y las pasas por encima. Por último, rocíelo todo con la grappa.

Hornee las manzanas de 30 a 35 minutos, rociándolas de vez en cuando con el jugo, hasta que estén tiernas al pincharlas con una brocheta.

Para 4 personas

Puré de mango con nata

2 mangos muy maduros
250 ml de yogur griego
80 ml de nata líquida

Separe la pulpa de los mangos. La manera más fácil de hacerlo es cortar a cada lado del hueso de modo que se formen dos mitades que recuerdan a unas mejillas. Haga incisiones en forma de enrejado en la pulpa de cada mitad de mango, casi hasta llegar a la piel, abra cada mitad hacia afuera y separe la pulpa de la piel sobre un bol. Corte la pulpa que quede en el hueso.

Triture la pulpa en un robot de cocina o una batidora. Si no dispone de ellos, simplemente cháfela bien.

Ponga una cucharada de puré de mango en cuatro vasos, tazas o boles pequeños. Eche una cucharada de yogur por encima y repita la operación. Una vez haya utilizado todo el mango y el yogur, vierta la mitad de la nata sobre cada vaso. Mezcle todas las capas justo antes de comer el puré.

Para 4 personas

Tiramisú

5 huevos, con las yemas y las claras
  separadas
180 g de azúcar extrafino
250 g de queso mascarpone
250 ml de café muy fuerte frío
3 cucharadas de coñac o vino
  de Marsala dulce
44 soletillas pequeñas
80 g de chocolate negro rallado fino

Bata las yemas de huevo y el azúcar hasta que éste se disuelva y la mezcla quede ligera y esponjosa, y forme una cinta al verterla desde el batidor. Añada el mascarpone y bata la mezcla hasta que quede homogénea. Bata las claras de huevo a punto de nieve en un bol de vidrio limpio y seco. Incorpórelas a la mezcla de mascarpone.

Vierta el café en una fuente de paredes bajas y añada el coñac. Sumerja unas cuantas soletillas en la mezcla de café, suficientes como para cubrir el fondo de una fuente cuadrada de 25 cm. Las soletillas deben quedar bien bañadas por ambos lados, pero no demasiado, para evitar que se rompan. Dispóngalas en una capa bien apretada en el fondo de la fuente.

Unte la mitad de la mezcla de mascarpone sobre la capa de soletillas. Añada otra capa de soletillas bañadas y luego otra de mascarpone; alise bien la última capa. Deje reposar el tiramisú en el frigorífico toda la noche o 2 horas como mínimo. Sírvalo espolvoreado con el chocolate rallado.

Para 4 personas

Crema de chocolate blanco

250 ml de nata espesa
4 vainas de cardamomo ligeramente
  machacadas
1 hoja de laurel
150 g de chocolate blanco
3 yemas de huevo

Introduzca la nata, el cardamomo y la hoja de laurel en una cacerola y lleve la mezcla a ebullición a fuego lento. Retírela del fuego y déjela reposar para que la nata tome los sabores del cardamomo y de la hoja de laurel.

Ralle o pique bien el chocolate blanco (así se derretirá más rápido y evitará que se formen grumos) y páselo a un bol. Caliente la nata a fuego lento hasta el punto de ebullición, pásela por un tamiz (para colar el cardamomo y la hoja de laurel) y viértala sobre el chocolate. Remueva hasta que el chocolate se haya disuelto. Bata ligeramente las yemas de huevo y añádalas a la mezcla.

Vierta la crema en cuatro tazas de café exprés o en boles muy pequeños y refrigérela para que cuaje. Estará lista en un par de horas.

Para 4 personas

Panna cotta

450 ml de nata espesa
4 cucharadas de azúcar extrafino
2 cucharadas de grappa (opcional)
extracto de vainilla
3 hojas o 1¼ cucharaditas de gelatina
250 g de frutas del bosque frescas,
　para servir

Ponga la nata y el azúcar en una cacerola a fuego lento y remueva hasta que el azúcar se disuelva. Llévelo a ebullición y deje cocer 3 minutos; añada la grappa y unas gotas de extracto de vainilla al gusto.

Si utiliza hojas de gelatina, remójelas en agua fría hasta que estén blandas y escúrralas para retirar el agua sobrante. Añádalas a la crema caliente y remueva hasta que se disuelvan por completo. Si usa gelatina en polvo, espolvoréela sobre la crema caliente en una capa uniforme, déjela esponjar 1 minuto y mézclela con la crema hasta que se disuelva.

Vierta la mezcla en cuatro moldes de metal o porcelana de 125 ml de capacidad, cúbralos con film transparente y refrigérelos hasta que cuaje.

Para desmoldar la panna cotta, sumerja los moldes un instante en un bol con agua caliente y vuélquelos con cuidado en platos. Los moldes de metal son más rápidos de desmoldar que los de porcelana ya que se calientan enseguida. Sirva con frutas del bosque.

Para 4 personas

Pastel de higos y frambuesas

185 g de mantequilla
185 g de azúcar extrafino, más
  adicional para espolvorear
1 huevo
1 yema de huevo
335 g de harina
1 cucharadita de levadura en polvo
4 higos cortados en cuartos
la ralladura de 1 naranja
200 g de frambuesas

Precaliente el horno a 180°C. Engrase un molde desmontable de 23 cm de diámetro. Bata la mantequilla con el azúcar hasta obtener una mezcla fina. Añada el huevo y la yema, y bata de nuevo. Tamice la harina, la levadura y una pizca de sal sobre la mezcla y forme una masa. Refrigérela hasta que esté firme.

Divida la masa en dos y extienda una porción hasta que sea lo bastante grande como para cubrir el fondo del molde. Pásela al molde preparado y presiónela un poco contra las paredes. Reparta por encima los higos, la ralladura de naranja y las frambuesas. Extienda la masa restante sobre el relleno. Píntela con agua y espolvoréela con un poco de azúcar. Hornee el pastel 30 minutos y sírvalo caliente.

Para 6 personas

Pudding de chocolate

160 g de chocolate negro troceado
mantequilla, para engrasar
80 g de azúcar extrafino
60 g de chocolate con leche troceado
4 huevos
nata líquida, para servir

Precaliente el horno a 200°C. Ponga el chocolate negro en un bol de vidrio y colóquelo sobre un cazo con agua hirviendo a fuego lento. El chocolate empezará a fundirse y se volverá brillante; cuando lo haga, remuévalo hasta obtener una textura homogénea.

Unte con mantequilla cuatro moldes de 200 ml. Añada ½ cucharadita de azúcar a cada uno y muévalos hasta cubrir bien todas las paredes. Reparta el chocolate con leche en los moldes.

Con un batidor de varillas eléctrico, bata el resto del azúcar con las yemas de huevo unos 3 minutos o hasta obtener una mezcla clara y cremosa. Limpie las varillas y séquelas bien. Bata las claras de huevo a punto de nieve.

Mezcle el chocolate derretido con la preparación de yemas e incorpore las claras montadas. Para ello, use una cuchara grande o una espátula de goma, y procure no eliminar demasiado aire. Divida la mezcla en cuatro moldes individuales. Hornéela de 15 a 20 minutos. Los puddings deben subir y quedar esponjosos. Sírvalos de inmediato con nata.

Para 4 personas

Arroz negro con leche y dados de mango

400 g de arroz glutinoso negro
3 hojas frescas de pandano
500 ml de leche de coco
85 g de azúcar de palma rallado
3 cucharadas de azúcar extrafino
crema de coco, para servir
dados de mango o papaya, para
  servir

Ponga el arroz en un bol grande de vidrio o porcelana y cúbralo con agua. Déjelo en remojo 8 horas como mínimo o toda la noche. Escúrralo, páselo a un cazo con 1 l de agua y llévelo a ebullición a fuego lento. Deje hervir, removiendo con frecuencia, durante 20 minutos o hasta que esté tierno. Escúrralo.

Parta las hojas de pandano con las manos y átelas. Vierta la leche de coco en una cacerola y caliéntela hasta el punto de ebullición. Añada el azúcar de palma, el azúcar extrafino y las hojas de pandano, y remueva hasta que el azúcar se disuelva.

Agregue el arroz y cuézalo, removiendo, 8 minutos, sin dejar que hierva. Retírelo del fuego, tápelo y déjelo reposar 15 minutos para que absorba los sabores. Retire las hojas de pandano.

Pase el arroz a boles individuales y sírvalo caliente con crema de coco y dados de mango o papaya frescos.

Para 6 personas

Helado de café

5 yemas de huevo
115 g de azúcar
500 ml de leche
125 ml de café exprés recién hecho
1 cucharada de Tia Maria o licor
   de café

Bata las yemas de huevo y la mitad del azúcar en un bol hasta obtener una mezcla clara y cremosa. Vierta la leche y el café en un cazo, añada el azúcar restante y lleve a ebullición. Incorpórelo a la mezcla de huevo y bata bien. Pase de nuevo la crema al cazo y cuézala a fuego lento, sin dejar que hierva. No deje de remover hasta que sea lo bastante espesa como para cubrir el dorso de una cuchara de madera. Cuele la crema sobre un bol y déjela enfriar sobre hielo antes de añadir el licor.

Para preparar el helado a mano, vierta la crema en un recipiente apto para el congelador, tápela y congélela. Rompa los cristales de hielo cada 30 minutos con un tenedor para obtener una textura homogénea. Repita la operación hasta que el helado esté listo; tardará 4 horas. Si usa una heladora, siga las instrucciones del fabricante.

Para 6 personas

Crumble de manzana

8 manzanas
90 g de azúcar extrafino
la piel de 1 limón
120 g de mantequilla
125 g de harina
1 cucharadita de canela molida
nata, para servir

Precaliente el horno a 180°C. Pele las manzanas, retire los corazones y córtelas en trozos. Ponga la manzana, 2 cucharadas de azúcar y la piel de limón en una fuente de horno pequeña y mézclelo todo. Esparza 2 cucharadas de mantequilla por encima.

Amase la mantequilla restante con la harina hasta obtener una textura desmigada. Incorpore el resto del azúcar y la canela. Añada 1 o 2 cucharadas de agua y remueva hasta formar grumos grandes.

Esparza la mezcla desmigada sobre la manzana y hornee durante 1 hora y 15 minutos. Pasado este tiempo, la cobertura debería estar dorada y el jugo, burbujear a través de la mezcla. Sirva el crumble con nata.

Para 4 personas

Frutas al vino tinto

3 peras peladas, cortadas en cuartos
y sin corazón
3 manzanas peladas, cortadas en
cuartos y sin corazón
50 g de azúcar
1 vaina de vainilla cortada por la
mitad a lo largo
2 ramas pequeñas de canela
400 ml de vino tinto
200 ml de vino de postre u oporto
700 g de ciruelas rojas partidas
por la mitad

Ponga las peras y las manzanas en un
cazo grande. Añada el azúcar, la vaina
de vainilla, la canela, el vino tinto y el
vino de postre, y llévelo todo a ebullición. Baje el fuego y deje cocer de 5 a
10 minutos o hasta que la fruta esté un
poco tierna.

Agregue las ciruelas, mézclelas con
las peras y las manzanas, y lleve de
nuevo a ebullición. Prosiga la cocción
5 minutos más o hasta que las ciruelas estén tiernas.

Retire el cazo del fuego, tápelo y deje
marinar la fruta en el almíbar durante
6 horas como mínimo. Recaliéntela, si
desea servirla caliente, o bien sírvala
a temperatura ambiente con nata o
helado y una teja de almendras.

Para 6 personas

Granizado de café

200 g de azúcar extrafino
1,25 l de café exprés muy fuerte
helado, para servir

Caliente el azúcar en un cazo con 25 ml de agua caliente hasta que se disuelva. Cueza 3 minutos para formar un almíbar. Añada el café y mezcle bien.

Vierta la mezcla en un recipiente de plástico o metal. No debe tener más de 3 cm de grosor para que el granizado se congele rápidamente y se parta fácilmente. Remueva cada 2 horas con un tenedor para romper los cristales de hielo a medida que se formen. Repita la operación dos o tres veces. El granizado debe solidificarse, pero no del todo. Remuévalo con un tenedor y sírvalo con helado.

Para 6 personas

Pastel de chocolate y almendras

150 g de almendras fileteadas
  o enteras
1 rebanada de pandoro o 1 brioche
  pequeño (unos 40 g)
300 g de chocolate negro
2 cucharadas de coñac
150 g de mantequilla reblandecida
150 g de azúcar extrafino
4 huevos
1 cucharadita de extracto de vainilla
  (opcional)
200 g de queso mascarpone
cacao en polvo, para espolvorear
crème fraîche, para servir

Precaliente el horno a 170°C y tueste las almendras de 8 a 10 minutos, hasta que se doren bien.

Ponga las almendras y el pandoro en un robot de cocina y tritúrelos hasta que la mezcla tenga un aspecto desmigado. Unte con un poco de mantequilla un molde desmontable de 23 cm de diámetro. Vierta un poco de la mezcla en el molde y muévalo para formar una capa en el fondo y las paredes del molde. Reserve la mezcla restante.

Funda el chocolate con el coñac en un bol refractario colocado sobre un cazo de agua hirviendo, sin dejar que el bol toque el agua. Remueva de vez en cuando hasta que el chocolate se funda. Déjelo enfriar un poco.

Bata la mantequilla con el azúcar en un robot de cocina o con una cuchara de madera hasta obtener una mezcla clara y cremosa. Añada el chocolate fundido, los huevos, la vainilla y el mascarpone. Agregue la mezcla de almendra y remueva. Vierta la masa en el molde.

Hornee el pastel de 50 a 60 minutos o hasta que cuaje. Déjelo reposar en el molde unos 15 minutos antes de retirarlo. Una vez frío, espolvoréelo con cacao y sírvalo con crème fraîche.

Para 6–8 personas

Arroz con leche a la veneciana

750 ml de leche
250 ml de nata espesa
1 vaina de vainilla partida por la mitad
50 g de azúcar extrafino
¼ cucharadita de canela molida
una pizca de nuez moscada rallada
1 cucharada de ralladura de naranja
85 g de sultanas
2 cucharadas de coñac o vino
   de Marsala dulce
110 g de arroz, de una variedad
   adecuada para risotto o postres

Ponga la leche con la nata espesa y la vaina de vainilla en una cacerola de fondo pesado, deje que rompa a hervir y retire la cacerola del fuego. Añada el azúcar, la canela, la nuez moscada y la ralladura de naranja, y reserve.

Ponga las sultanas en remojo con el coñac en un bol pequeño. Agregue el arroz a la leche y ponga la cacerola en el fuego. Lleve a ebullición y remueva poco a poco 35 minutos o hasta que el arroz quede cremoso. Añada las sultanas y retire la vaina de vainilla al final de la cocción. Sirva caliente o frío.

Para 4 personas

Affogato de chocolate

240 g de chocolate negro
1 l de leche
6 huevos
110 g de azúcar extrafino
340 ml de nata espesa
4 tazas pequeñas de café exprés
o café muy fuerte
4 chupitos de Frangelico o del licor
que prefiera

Parta el chocolate en trozos pequeños e introdúzcalo en un cazo con la leche. Caliéntela a fuego lento o el chocolate se pegará al fondo. A medida que la leche se caliente y el chocolate se funda, remueva hasta obtener una mezcla sin grumos. No hace falta que hierva la leche, ya que el chocolate se funde a una temperatura muy inferior. Con un batidor de varillas eléctrico, bata los huevos y el azúcar en un bol grande de vidrio o metal hasta obtener una mezcla clara y espumosa. Añada la mezcla de leche y chocolate y la nata, y mézclelo todo.

Vierta la preparación en un recipiente de plástico o metal de paredes bajas y póngalo en el congelador. Para obtener un helado homogéneo, deberá batir la mezcla cada hora aproximadamente para romper los cristales de hielo a medida que se formen. Cuando la mezcla esté muy consistente, déjela toda la noche para que cuaje.

Forme cuatro bolas de helado, páselas a cuatro copas y guárdelas en el congelador mientras prepara el café.

Sirva el helado rociado con el Frangelico y el café.

Para 4 personas

Técnicas básicas

Arroz

Antes de hervir el arroz, páselo por el grifo de agua fría hasta que el agua salga clara y escúrralo bien.

Póngalo en un cazo de fondo pesado y añada agua hasta unos 5 cm por encima del arroz. Añada una cucharadita de sal y llévelo a ebullición a fuego vivo. Cuando hierva, tápelo y baje el fuego.

Cuézalo 15 minutos o hasta que el arroz esté tierno. Retire el cazo del fuego y déjelo reposar tapado 10 minutos. Ahueque el arroz con un tenedor antes de servir.

Fideos

Siga las instrucciones del paquete (algunos fideos se ablandan en agua hirviendo, otros se cuecen o se fríen). Cueza los fideos en abundante agua hirviendo y escúrralos bien.

Cuando cueza porciones individuales o pequeñas de fideos frescos, póngalos en un colador e introdúzcalo en un cazo con agua hirviendo. Es un buen método para cocinar fideos de cocción rápida, como los fideos de arroz o al huevo.

Puede rehogar los fideos fríos en un poco de aceite para evitar que se peguen y luego recalentarlos en agua hirviendo.

Pasta

La pasta debe cocerse a fuego vivo en abundante agua hirviendo (1 l de agua y una cucharadita de sal por cada 100 g de pasta, aproximadamente). La cacerola debe ser lo suficientemente grande para que la pasta no se apelmace.

No es necesario añadir aceite al agua de la cocción ni a los fideos escurridos, puesto que el aceite impregna la pasta y hace que la salsa no se adhiera.

No escurra demasiado la pasta: si le queda un poco de agua, la salsa se repartirá mejor.

Base de pizza

Mezcle 2 cucharaditas de levadura seca, 1 cucharada de azúcar y 90 ml de agua tibia, remueva y deje reposar la mezcla hasta que forme pequeñas burbujas.

Ponga en un bol 450 g de harina tamizada con una pizca de sal, añada la levadura y 125 ml de agua y mezcle hasta obtener una masa homogénea.

Trabaje la masa hasta que sea blanda y elástica (al menos 5 minutos). Póngala en un bol, cúbrala y déjela reposar hasta que haya doblado su tamaño.

Extraiga el aire de la masa con el puño y divídala en dos partes iguales.

Forme un círculo con cada una de las partes. Con el talón de la mano, extienda el círculo trabajando la masa del centro hacia fuera.

Levante ligeramente el borde de la masa y colóquela en una bandeja untada con aceite y espolvoreada con fécula de maíz. Agregue el resto de ingredientes.

Puré de patatas

Pele y corte 4 patatas harinosas grandes. Introdúzcalas en agua fría y llévelas a ebullición. Cuando estén tiernas, escúrralas bien y póngalas en un cazo a fuego lento con 2 cucharadas de leche caliente y 1 cucharada de mantequilla, y condiméntelas bien.

Retírelas del fuego y páselas por un pasapuré, después bátalas con una cuchara de madera hasta que adquiera una textura suave. Puede añadir más mantequilla, ralladura de nuez moscada o un poco de nata, si lo desea. Para 4 personas.

Risotto

Utilice una sartén honda o un cazo no muy hondo de fondo pesado. El caldo o líquido que utilice debe estar caliente, manténgalo así en un cazo a fuego lento.

Primero cueza el arroz en la mantequilla, así se creará una capa alrededor de los granos que impedirá que suelten el almidón. Remueva de vez en cuando para que el arroz se cueza por igual y no se pegue.

Añada el líquido con un cucharón, removiendo continuamente. Si cuece el arroz demasiado despacio, quedará pegajoso; si lo hace demasiado rápido, el líquido se evaporará. Cuézalo a fuego medio-vivo.

Sazone el arroz pronto, cuando aún absorba los sabores. Agregue líquido justo hasta cubrirlo para que se cueza por igual. El arroz debe quedar *al dente*. Detenga la cocción en cuanto el arroz esté tierno, pero tenga aún algo de textura en el centro del grano. El risotto debe ser consistente y espeso, ni demasiado líquido, ni demasiado seco.

Caldo de pollo

En una cacerola, ponga 2 kg de huesos, alas, cuellos y recortes de pollo con 2 zanahorias troceadas, 1 cebolla cortada por la mitad, 1 puerro y 1 tallo de apio troceados, 1 bouquet garni y 6 granos de pimienta. Añada 4 l de agua fría.

Lleve a ebullición y espúmelo. Cueza el caldo a fuego lento 2 horas, espumando de vez en cuando (si añade un chorro de agua fría desaparecerá la espuma).

Cuele el caldo y refrigérelo. Cuando esté frío, puede quitarle la capa de grasa que se habrá formado por encima.

Caldo de verduras

En una cacerola, mezcle 500 g de zanahorias, apio, cebollas y puerros con 1 bouquet garni y 10 granos de pimienta.

Añada 2,5 l de agua fría y llévelo a ebullición. Espúmelo si es necesario.

Cueza el caldo de 1 a 2 horas a fuego lento, presionando las hortalizas para extraerles todo el jugo. Cuele el caldo y refrigérelo.

Caldo de pescado

Ponga 2 kg de espinas y cabezas de pescado, 1 bouquet garni, 1 cebolla troceada y 10 granos de pimienta en una cacerola.

Añada 2,5 litros de agua fría y llévelo a ebullición. Cuézalo a fuego lento de 20 a 30 minutos. Espúmelo si es necesario.

Cuele el caldo y refrigérelo. Cuando esté frío, retírele la grasa cuajada.

Pesto

Triture 2 dientes de ajo en un mortero o robot de cocina, añada una pizca de sal y 55 g de piñones. Tritúrelos hasta formar una pasta.

Añada poco a poco 55 g de hojas de albahaca y mézclalas bien. Agregue 70 g de queso parmesano rallado y vierta despacio 125 ml de aceite de oliva.

Utilícelo inmediatamente. También puede guardarlo tapado en el frigorífico hasta una semana. En ese caso, cubra la superficie del pesto con una capa fina de aceite de oliva. Para 250 ml.

Vinagreta

En un mortero, o con la hoja de un cuchillo, machaque 1 diente de ajo pequeño con un poco de sal hasta obtener una pasta. Añada 1 cucharada

de vinagre de buena calidad y
½ cucharadita de mostaza de Dijon
y mézclelo bien.

Incorpore poco a poco 3 cucharadas
de aceite de oliva, sin dejar de remover, hasta que obtenga una salsa
homogénea. Salpimiéntela. Para
1 ensalada.

Chocolate fundido

Para fundir el chocolate, utilice un
bol limpio y seco. El agua y la humedad hacen que el chocolate se espese e impiden que se funda, y el exceso de calor hace que se queme
y amargue.

Para fundir el chocolate, pártalo en
trozos pequeños más o menos del
mismo tamaño y póngalos en un bol
refractario. Llene un cazo con agua,
llévela a ebullición y retírela del fuego.
Ponga el bol sobre el cazo, procurando que no toque el agua y que no
entre agua o vapor en él o el chocolate se espesará. Deje que el chocolate se derrita un poco y no deje de
remover hasta que se funda y quede
homogéneo.

Retire el chocolate del cazo y deje
que se enfríe. Si quiere mantener el
chocolate líquido, déjelo en el bol
sobre el cazo con agua caliente.

Merengue

Para preparar una cantidad de
merengue, bata ligeramente en un bol
seco 6 claras de huevo y una pizca
de crémor tártaro con una batidora
eléctrica. Añada poco a poco 340 g
de azúcar extrafino y bata hasta que
el merengue esté espeso y brillante.

Nata montada

Antes de montar la nata, enfríe el bol
en el frigorífico.

Para conseguir el máximo volumen
posible, mezcle bien con un batidor
de varillas. Puede utilizar una batidora
eléctrica, con cuidado de no batir la
nata en exceso u obtendrá mantequilla.

Claras de huevo

Los huevos deben estar a temperatura ambiente, de lo contrario las
claras no se batirán bien. Utilice un
bol de vidrio o metal bien limpio y
seco. Bata las claras con suavidad
al principio y luego más enérgica-
mente, hasta el punto que desee.
Asegúrese de que ha batido todo
el huevo por igual.

Si las bate ligeramente, las claras
adquirirán una textura esponjosa; si
las bate a punto de nieve, triplicarán
su volumen.

Índice

Índice

Índice

Índice

Índice

Fotógrafos: Alan Benson, Cris Cordeiro, Craig Cranko, Ben Dearnley, Joe Filshie, Jared Fowler, Scott Hawkins, Ian Hofstetter, Chris L. Jones, Jason Lowe, Ashley Mackevicius, Andre Martin, Rob Reichenfeld, Brett Stevens.

Estilistas de cocina: Kristen Anderson, Marie-Hélène Clauzon, Jane Collins, Carolyn Fienberg, Jane Hann, Mary Harris, Katy Holder, Cherise Koch, Sarah de Nardi, Michelle Noerianto, Sarah O'Brien, Sally Parker.

Preparación de los platos: Alison Adams, Shaun Arantz, Rekha Arnott, Jo Glynn, Sonia Grieg, Ross Dobson, Michelle Earle, Michelle Lawton, Michaela Le Compte, Valli Little, Olivia Lowndes, Kerrie Mullins, Briget Palmer, Kim Passenger, Justine Poole, Julie Ray, Christine Sheppard, Dimitra Stais, Angela Tregonning, y the Murdoch Books Test kitchen.

Publicado por Murdoch Books®, división de Murdoch Magazines Pty Ltd,
GPO Box 1203, Sidney NSW 2001

Dirección editorial del proyecto: Victoria Carey
Edición: Gordana Trifunovic
Diseño: Michelle Cutler
Fotografía (portadillas): Jared Fowler
Composición (portadillas): Cherise Koch
Producción: Fiona Byrne
Gestión de las imágenes: Anne Ferrier
Dirección editorial: Diana Hill
Dirección creativa: Marylouise Brammer

Título original: *Home Food*

© de la edición española: EDITORIAL OPTIMA, S. L., 2004
Traducción del inglés: Verónica Puigdengolas Legler para LocTeam, S. L., Barcelona
Redacción y maquetación de la edición española: LocTeam, S. L., Barcelona

Impreso por Tien Wah Press
PRINTED IN SINGAPORE

ISBN 84-95300-98-2

Los tiempos de cocción pueden variar dependiendo del horno que se utilice. En general, para hornos
eléctricos, fijar la temperatura 20°C por debajo de lo que se indica en la receta. Hemos utilizado
cucharas de 20 ml de capacidad. Si utiliza una cuchara de 15 ml de capacidad, la diferencia será
inapreciable en la mayoría de recetas. Sin embargo, en las que se use poca cantidad de harina o fécula
de maíz, añada una cucharadita más por cada cucharada que se indique.
Hemos utilizado huevos de 60 g (clase 3) en todas las recetas.

IMPORTANTE: Aquellas personas para las que una intoxicación por salmonela supondría un riesgo serio
(ancianos, embarazadas, niños y enfermos con inmunodeficiencias) deben consultar a su médico los
posibles efectos de consumir huevos crudos.

Cubierta anterior: Filete con mantequilla maître d'hôtel, página 312
Cubierta posterior: Berenjenas gratinadas con ricota y tomate, página 176